Wegwijzer homeopathie

Wegwijzer
homeopathie

Oorspronkelijke titel *Guide to Homeopathy*
Oorspronkelijke uitgave Geddes & Grosset
© Copyright 1996 Geddes & Grosset, David Dale House,
New Lanark ML11 9DJ, Scotland
© Copyright 2002 Nederlandse vertaling Uitgeverij Maarten Muntinga
Vertaling Studio Imago/ TOTA (Erica van Rijsewijk)
Omslagontwerp R. Timmermans
Zetwerk Studio Cursief
Druk Bercker, Kevelaer

Uitgave door HMP in december 2002
Alle rechten voorbehouden

ISBN 90 5795 179 7
NUR 861

Waarschuwing: gebruik de genoemde middelen
alleen op voorschrift van een arts

Inhoud

Inleiding

Het doel van homeopathie is een ziekte of stoornis te genezen door de hele mens te behandelen en niet uitsluitend bepaalde symptomen. Daarmee is de homeopathie een holistische benadering, en de algehele gezondheidstoestand van de patiënt, vooral zijn of haar emotionele en geestelijke welbevinden, wordt als belangrijk beschouwd. Een homeopaat bekijkt de symptomen waarvan een patiënt wil worden genezen, maar hij neemt tevens de tijd om andere tekenen van ziekte te ontdekken of aanwijzingen die de patiënt zelf als minder relevant beschouwt. De gedachte hierachter is dat ziekte een teken is van stoornis of onbalans in het lichaam.

Volgens de homeopathie bepaalt de manier waarop een mens in elkaar zit voor een groot deel het soort stoornissen waarvoor dat individu gevoelig is en welke symptomen de meeste kans hebben op te treden. Een homeopathisch geneesmiddel moet aansluiten bij zowel de symptomen als het karakter en het temperament van de patiënt. Vandaar dat twee patiënten met dezelfde aandoening verschillend kunnen worden behandeld, afhankelijk van hun individuele aard. Tevens kan één middel worden gebruikt om verschillende soorten symptomen of kwalen te behandelen.

Homeopathische middelen zijn gebaseerd op de gedachte 'het gelijke met het gelijkende bestrijden' – een eeuwenoude filosofie die is terug te voeren tot de vijfde eeuw voor Christus, toen dit 'similia-principe' door Hippocrates is geformuleerd. In het begin van de negentiende eeuw wekte dit idee de interesse op van een Duitse arts, Samuel Hahnemann, die de medische praktijk uit zijn tijd te weinig verfijnd vond en geloofde dat die het genezingsproces eerder belemmerde dan hielp. Hahnemann ontdekte dat een behandeling voor malaria, die was gebaseerd op een extract van de kinaboombast (kinine), de symptomen van deze ziekte juist veroorzaakte wanneer het middel in een kleine hoeveelheid werd toegediend aan een gezond persoon. Nader uitgebreid onderzoek overtuigde hem ervan dat het oproepen van symptomen de manier was waarop het lichaam ziekte bestreed. Aldus kwam hij tot de conclusie dat een heel kleine dosis van de stof, die de ziektesymptomen bij een gezond persoon opriep, kon worden gebruikt om die ziekte te bestrijden bij iemand die ziek was. Hahnemann voerde talloze experimenten uit waarbij hij kleine doses stoffen aan gezonde mensen toediende en bijhield welke symptomen dat tot gevolg had. Uiteindelijk werden deze sterk verdunde middelen toegediend aan zieke mensen, vaak met bemoedigend resultaat.

De moderne homeopathie is gebaseerd op het werk van Hahnemann, en de medicijnen die worden gewonnen uit plantaardige, minerale en dierlijke bronnen, worden toegediend in sterk verdunde hoeveelheden. Men gelooft zelfs dat de geneeskrachtige eigenschappen bij elke verdunning toenemen, omdat onzuiverheden die tot ongewenste bijeffecten kunnen leiden er op deze manier worden uitgefilterd.

De stoffen die in de homeopathie worden gebruikt, worden eerst in alcohol gedrenkt om er hun essentiële ingrediënten aan te onttrekken. Deze eerste oplossing, de zogeheten *oertinctuur*, wordt successievelijk ofwel met een factor 10 verdund (de 'decimale schaal', aangegeven met x), ofwel met een factor 100 (de 'centesimale schaal', aangegeven met c). Elke verdunning wordt grondig geschud voordat verdere verdunningen plaatshebben. Het schudden zou de eigenschappen van het middel versterken doordat in elke fase energie wordt toegevoegd en onzuiverheden worden verwijderd. De grondige vermenging van elke verdunning zou het medicijn van energie voorzien, ofwel 'potentiëren'. De middelen worden daarna verwerkt tot tabletten, of kunnen worden gebruikt als zalf, oplossingen, poeders, zetpillen en dergelijke. Medicijnen met een hoge potentie (dus: sterk verdund) worden bij ernstige symptomen gebruikt en medicijnen met een lage potentie (minder sterk verdund) bij minder ernstige.

De homeopathische zienswijze is dat tijdens het genezingsproces symptomen van belangrijke naar minder belangrijke lichaamsstelsels worden gedirigeerd. Men is er eveneens van overtuigd dat genezing plaatsheeft van binnen naar buiten in het lichaam, en dat de meest recente symptomen het eerst verdwijnen, wat bekendstaat als 'de wet van de richting van de genezing'.

Het komt soms voor dat symptomen in eerste instantie verergeren nadat een homeopathisch geneesmiddel is toegediend, maar meestal is dit van korte duur. Dit verschijnsel, dat bekendstaat onder de term 'genezingscrisis', zou duiden op een verandering, waarna de weg is vrijgemaakt voor herstel. Meestal leiden homeopathische geneesmiddelen vrij snel tot verbetering, hoewel dat ook afhankelijk is van de aard van de klacht, van de gezondheidstoestand, de leeftijd en het welzijn van de patiënt, en van de potentie van het middel.

Een eerste homeopathisch consult duurt in de meeste gevallen ongeveer een uur, zodat de arts een volledig beeld kan krijgen van de medische geschiedenis van de patiënt en van diens persoonlijke omstandigheden. Op basis van deze informatie bepaalt de homeopaat wat het juiste middel en wat de juiste potentie is (meestal is dat 6C). Meestal zijn de navolgende consulten korter en dan wordt de patiënt volledig ingelicht over hoe hij het medicijn moet toedienen en bewaren. Men gaat er algemeen van uit dat homeopathische middelen veilig en niet-verslavend zijn, maar ze moeten wel voldoen aan de wettelijke regels die voor alle medicijnen gelden en ze moeten van een erkende bron afkomstig zijn.

POTENTIETABEL VOOR HOMEOPATHISCHE MEDICIJNEN

Centesimale schaal

1C =	1/100 (1/1001)	van oertinctuur
2C =	1/10.000 (1/1002)	van oertinctuur
3C =	1/1.00.000 (1/1003)	van oertinctuur
6C =	1/1.000.000.000 (1/1004)	van oertinctuur

Decimale schaal

1X = 1/10 (1/101)   van oertinctuur
2X = 1/100 (1/102)   van oertinctuur
6X = 1/1.000.000 (1/103)   van oertinctuur

Ontwikkeling van de homeopathie

De Griekse arts Hippocrates, die enkele eeuwen voor de geboorte van Christus leefde (460-370 v.Chr.), wordt beschouwd als de vader van alle geneeskunde. Door de 'Eed van Hippocrates', die net afgestudeerde artsen in de reguliere geneeskunde moeten afleggen, zijn zij gebonden aan een ethische gedragscode ter ere van Hippocrates.

Hippocrates geloofde dat ziekte werd veroorzaakt door de natuurlijke elementen in de wereld waarin mensen leven. Deze zienswijze stond in groot contrast met het gezichtspunt dat eeuwenlang opgeld had gedaan, namelijk dat ziekte een vorm van straf zou zijn van de goden of van God. Hippocrates vond het van groot belang het ziekteverloop en de progressie bij iedere patiënt te observeren en in beschouwing te nemen. Volgens hem moest elke therapie de aangeboren genezende vermogens van die persoon stimuleren. Hippocrates voelde veel voor het idee dat 'het gelijke wordt genezen door het gelijkende', en veel van de middelen die hij gebruikte waren op dit similia-principe gebaseerd. En zo legde hij in zijn praktijk en studie van de geneeskunde de basis voor de homeopathische benadering, hoewel die pas eeuwen later op haar juiste waarde werd geschat.

In de Romeinse tijd kreeg men meer kennis over en inzicht in de aard van het menselijk lichaam. Er werden veel kruiden en planten als geneesmiddel gebruikt en die kennis werd van generatie op generatie overgeleverd. Het geloof dat ziekten door bovennatuurlijke of goddelijke krachten werden veroorzaakt, hield echter stand. Pas aan het begin van de zestiende eeuw verwoordde de Zwitserse arts Paracelsus (1493-1541) de theorie dat ziekte het gevolg was van externe krachten uit de omgeving. Hij was er eveneens van overtuigd dat planten en natuurlijke stoffen de sleutel vormden tot genezing, en verwelkomde het principe van 'het gelijke genezen door het gelijkende'. Een van zijn ideeën, bekend als het 'handtekeningprincipe', hield in dat de verschijningsvorm van een plant, of de stoffen die deze bevatte, een idee gaf van de kwalen die de plant zou kunnen genezen. In de daaropvolgende eeuwen verwierf men meer kennis over de geneeskrachtige eigenschappen van planten en de manier waarop het menselijk lichaam werkte. Desondanks waren de methoden van de medische praktijk niet bepaald verfijnd, en ongetwijfeld hebben mensen, door de manier waarop ze werden behandeld, nodeloos geleden en de dood gevonden.

Tegen deze achtergrond begon Samuel Hahnemann (1755-1843), de grondlegger van de moderne homeopathie, aan het eind van de achttiende eeuw zijn werk als arts. In zijn vroege geschriften bekritiseerde Hahnemann de slechte praktijken in de geneeskunde en pleitte hij voor een gezonde voeding, schone woonomstandigheden en stelde hoge eisen aan de hygiëne om de gezondheid te bevorderen en ziekten te weren.

In de jaren 1790 raakte hij geïnteresseerd in kinine, die werd gewonnen uit de bast van de kinaboom en bekend stond als een effectief middel tegen malaria. Hij beproefde de stof eerst op zichzelf, en later op vrienden en familieleden, en stelde de resultaten te boek. Deze vroege experimenten werden 'proefnemingen' genoemd. De resultaten van deze experimenten brachten hem ertoe nog veel meer onderzoek te doen en proefnemingen uit te voeren met andere natuurlijke stoffen; gaandeweg ontdekte hij het principe van 'het gelijke genezen door het gelijkende' en zag hij zijn ideeën daaromtrent bevestigd.

Rond 1812 waren theorie en praktijk van de homeopathie, gebaseerd op het werk van Hahnemann, ingeburgerd geraakt en vele andere artsen pasten de homeopathische benadering toe. Hahnemann zelf werd docent in de homeopathie aan de universiteit van Leipzig en publiceerde vele belangrijke geschriften – de resultaten van zijn jarenlange onderzoek. Hij bleef zijn leven lang de medische praktijk uitoefenen, doceren en onderzoek doen - vooral onderzoek naar sterkere verdunningen die in elke fase goed werden geschud en die daarbij aan werkzaamheid zouden winnen. Hoewel hij wel degelijk op tegenstand stuitte, had Hahnemann met zijn werk rond 1830 heel wat volgelingen weten aan te trekken.

In 1831 heerste er in Midden-Europa een wijdverbreide cholera-epidemie, waarvoor Hahnemann een behandeling met kamfer aanbeval. Veel mensen genazen, onder wie dr. Frederick Quin (1799-1878), een arts uit die tijd. Quin stichtte in 1849 het eerste homeopathische ziekenhuis in Londen. Een latere cholera-epidemie in Engeland leverde het onweerlegbare bewijs voor de effectiviteit van kamfer als geneesmiddel, want in het homeopathische ziekenhuis werden veel meer patiënten genezen dan in andere hospitalen.

Aan het begin van de negentiende eeuw was de homeopathie in de Verenigde Staten redelijk ingeburgerd, en er waren diverse eminente homeopaten die theorie en praktijk verder verbreidden. Een van hen was dr. Constantine Hering (1800-1880). Hij formuleerde de 'wetten der genezing', die verklaren hoe symptomen organische systemen beïnvloeden en zich naarmate de genezing vordert van het ene deel van het lichaam naar het andere verplaatsen. Dr. James Tyler Kent (1849-1916) introduceerde het concept van constitutionele types, dat tegenwoordig de basis vormt van de klassieke homeopathie, en hij pleitte voor het gebruik van middelen in hoge potenties.

Tegen het eind van de negentiende eeuw trad een fundamentele splitsing op in de praktijk van de homeopathie, waartoe dr. Richard Hughes (1836-1902) de aanzet gaf. Hughes, die werkte in Londen en Brighton, hield vol dat lichamelijke symptomen en de aard van de ziekte zelf de doorslaggevende factor waren, en niet de holistische benadering die was gebaseerd op de natuur en het karakter van het individu. Hughes verwierp het concept van constitutionele typen en pleitte voor het gebruik van middelen in lage potenties. Hoewel hij werkte als homeopaat, was de manier waarop hij de homeopathie benaderde een poging die een wetenschappelijker tintje mee te geven, om zo de kloof met de reguliere geneeskunde te verkleinen. Sommige andere homeopathische artsen sloten zich bij Hughes aan en deze splitsing leidde aan het begin van de twintigste eeuw tot een diepe geloofscrisis in de hele homeopathische wereld. Maar in de loop van de twintigste eeuw kreeg de homeopathie weer volgelingen en won zij aan respect.

De reguliere geneeskunde en de homeopathie zijn zich blijven ontwikkelen, en inmiddels is er sprake van meer sympathie en begrip tussen de beoefenaren van beide disciplines.

Bekende homeopathische geneesmiddelen

Aconitum napellus
Akoniet, monnikskap

Aconitum is een inheemse plant in Zwitserland en andere bergachtige streken van Europa, waar hij groeit in de vochtige omstandigheden op bergweiden. De aantrekkelijke paarse of donkerblauwe bloemen zitten aan lange, rechte stelen die tevoorschijn komen uit knollen die zijn ontwikkeld door het wortelstelsel. De akoniet is zeer giftig en het sap werd vroeger gebruikt door jagers die hun pijlpunten ermee behandelden. De naam *Aconitum* is afgeleid van het Latijnse woord *acon*, dat 'pijl' betekent. Dit was een van de homeopathische geneesmiddelen die uitgebreid werden getest en beproefd door Hahnemann. Hij gebruikte het middel bij acute infecties en koortsen die gepaard gingen met hevige pijn. Door de artsen uit zijn tijd werden deze verschijnselen meestal behandeld door aderlaten. In de moderne homeopathie is dit de meest voorkomende toepassing gebleven, waarbij de hele plant wordt gebruikt voor de vervaardiging van het geneesmiddel.

Akoniet is een werkzaam middel bij acute ziekten die zich snel verspreiden bij mensen die tevoren gezond waren en niets mankeerden. Vaak komen dergelijke aandoeningen voor nadat de patiënt zich buiten heeft gewaagd in koud en nat weer. Het middel wordt vooral toegepast in de beginfase van aandoeningen aan de luchtwegen die gepaard gaan met koorts, zoals verkoudheid en griep, en aandoeningen aan ogen en oren. De patiënt is meestal rusteloos, heeft pijn, een verstoorde slaap en een warm en rood aangelopen gezicht, maar hij kan vlak na het opstaan bleek zien.

Het middel wordt tevens gebruikt bij overgangsklachten zoals opvliegers. Het is een effectieve remedie tegen bepaalde geestelij-

ke klachten zoals tobberigheid en angst, hartkloppingen en pa-
niekaanvallen, vooral bij de overtuiging van de patiënt dat de
dood boven zijn hoofd hangt tijdens zijn ziekte. Het middel stimuleert de transpiratie en wordt soms toegepast in combinatie
met BELLADONNA. Symptomen verergeren door kou, tocht, tabaksrook, stoffige en benauwde warme ruimtes, luisteren naar
muziek, rond middernacht en door op het pijnlijke lichaamsdeel
te liggen. Ze verminderen in de frisse lucht en door warmte.

De mensen die baat hebben bij akoniet zijn in de regel sterk,
stevig of goed gebouwd, hebben een rode gelaatskleur en genieten meestal een goede gezondheid, maar ze hebben vaak een lage
dunk van zichzelf. Om die reden hebben ze de neiging zich voortdurend te bewijzen, wat zo ver kan gaan dat ze ongevoelig of bele-
digend zijn voor anderen. Wanneer ze goed gezond zijn, hebben
akonietmensen behoefte aan het gezelschap van anderen. Maar
ze hebben ook angsten die ze angstvallig verborgen houden en ze
durven soms niet naar buiten en worden nerveus van mensenmassa's. Als ze ziek zijn, hebben ze soms morbide gedachten en
geloven ze dat ze elk moment dood kunnen gaan. Verder zijn ze
slecht bestand tegen schokken van welke aard dan ook.

Actea racemosa

Actea rac., *Cimifuga racemosa*, zilverkaars
Deze plant is inheems in de bossen van Noord-Amerika en werd
door de Amerikaanse indianen gebruikt als middel tegen beten
van ratelslangen. Tevens diende de plant als tranquillizer en pijn-
bestrijder bij bevallingen en menstruatie. In en om het huis
sprenkelde men een aftreksel van de plant om het huis en zijn be-
woners tegen bovennatuurlijke krachten en kwade geesten te
beschermen. De plant heeft een donkere, houtige ondergrondse
wortelstok en wortels en vormt veerachtige, lange stengels met
witte bloemen.

In de homeopathie worden de verse wortelstokken en wortels
gebruikt. Ze worden in de herfst geoogst, gesneden en gedroogd,
nadat de stengels en bladeren zijn afgestorven en zich zaad heeft
gevormd. De wortelstok heeft een flauwe, onaangename geur en

smaakt scherp en bitter. Het middel werd uitvoerig getest en beproefd door de Engelse homeopaat dr. Richard Hughes, die het gebruikte om een stijve nek en de daarmee samenhangende hoofdpijn te behandelen.

In de moderne homeopathie wordt het nog steeds voor dat doel gebruikt en om pijn in de onderrug en tussen de schouderbladen te behandelen. Bovendien wordt het gebruikt voor reumatische pijnen en gezwollen gewrichten of spieren en andere plotselinge scherpe pijnen. Actea rac. is effectief bij de behandeling van menstruatieproblemen die gepaard gaan met krampen, een opgeblazen gevoel, pijn en symptomen bij zwangerschap, zoals ochtendmisselijkheid en een ongemakkelijk gevoel in de onderbuik. Het is tevens werkzaam bij postnatale depressies en overgangsklachten. Emotionele symptomen die dergelijke perioden van hormonale veranderingen vergezellen, zoals huilerigheid, tobberigheid en prikkelbaarheid, worden eveneens door dit middel verminderd. De symptomen verergeren wanneer de patiënt wordt blootgesteld aan koude, vochtige en tochtige omstandigheden, door plotselinge weersveranderingen, door het drinken van alcohol en bij opwinding. Ze verminderen wanneer de patiënt warm blijft, aan eenvoudige lichaamsbeweging doet en in de frisse lucht komt.

Vaak reageren vooral vrouwen goed op dit middel. En het maakt niet uit of de vrouw in kwestie levensluchtig, extravert en praatgraag is of teruggetrokken, somber en verdrietig. Vrouwen maken zich in de regel het meest zorgen over de dood en mogelijke geesteszieken. Deze angsten spelen vooral wanneer een vrouw in de menopauze is.

Allium
Allium cepa; Spaanse ui
De ui wordt al eeuwenlang gekweekt en gebruikt, zowel voor culinaire als voor medicinale doeleinden. Voor de oude Egyptenaren was de ui een belangrijke plant. De etherische olie die vrijkomt wanneer een ui wordt gesneden stimuleert de traanklieren in de ogen en de slijmvliezen van de neus, keel en luchtwegen. Van-

daar dat de ui in de homeopathie wordt toegepast ter behandeling van klachten waarbij sprake is van een loopneus en waterige ogen. Voor de bereiding van het homeopathische geneesmiddel wordt de rode Spaanse ui gebruikt, die over de hele wereld wordt gekweekt.

Het middel helpt tegen allergie, zoals hooikoorts, tegen verkoudheid en pijnen of symptomen die van de ene naar de andere kant van het lichaam verschuiven. Het is werkzaam bij vlijmende, stekende of brandende pijnen die worden geassocieerd met zenuwpijn (scherpe pijn langs de baan van een zenuw), die zich van de ene kant van het lichaam naar de andere kunnen verplaatsen, bij voorhoofdshoofdpijnen, kiespijn en oorpijn bij kinderen. De symptomen verergeren bij kou en vocht en verminderen in de frisse lucht en in een koele, droge omgeving.

Apis mellifica
Apis; *Apis mellifera*, honingbij
Het geneesmiddel wordt vervaardigd uit het gehele lichaam van de honingbij, die voor de bereiding wordt gekneusd of vermalen. Het middel wordt vooral gebruikt voor de behandeling van ontstekingen, roodheid, zwellingen, bij jeuk van de huid die dan gevoelig is bij het aanraken, en bij stekende, hete pijnen. Meestal is er sprake van koortsigheid en dorst, verergeren de pijnen bij hitte en nemen ze af bij kou.

Het middel wordt gebruikt bij insectensteken, netelroos, allergieën, blaren, fijt (ontsteking aan een vingernagel) en infecties van de urinewegen, waaronder blaasontsteking die gepaard gaat met stekende, hete pijn. Tevens wordt het toegepast bij incontinentie bij ouderen, het vasthouden van vocht waardoor de oogleden of andere lichaamsdelen opzwellen, allergieën waarbij sprake is van een pijnlijke keel en moeilijkheden met slikken, stekende hoofdpijnen en een droge huid. Apis wordt tevens gewaardeerd als middel tegen gezwollen, pijnlijke ontstekingen van de gewrichten, zoals bij artritis, en bij buik- en borstvliesontsteking. De symptomen verergeren bij hitte en aanraken, in benauwde ruimten, na het slapen en in de vroege avond. Ze verminderen in de frisse, koele buitenlucht, na een koud bad of iets anders wat koel is.

Iemand die gevoelig is voor het Apis-middel heeft de neiging hoge verwachtingen te koesteren, kan prikkelbaar zijn en is moeilijk tevreden te stellen. Hij of zij schrijft anderen graag de wet voor, bewaakt zijn of haar eigen domein en heeft de neiging wrokkig te zijn tegen nieuwe mensen. Apis-typen kunnen druk rondrennen en hard werken, maar bereiken daar niet altijd veel mee.

Argenticum nitricum

Argent. nit.; zilvernitraat, helse steen
Zilvernitraat wordt gewonnen uit het mineraal acantiet, een natuurlijk zilvererts. Door middel van een chemische oplossing van het minerale erts ontstaan witte zilvernitraatkristallen, die worden gebruikt voor de vervaardiging van het homeopathische middel. Zilvernitraat is in hoge doses giftig en heeft antiseptische en cauteriserende eigenschappen. In het verleden werd het gebruikt om wonden te reinigen en infectie te voorkomen.

In de homeopathie wordt het toegepast ter behandeling van grote angst, paniek, vrees voor een ophanden zijnde gebeurtenis, zoals een examen, optreden in het openbaar (zoals het houden van toespraken, acteren, zingen), sollicitatiegesprekken of welke activiteit dan ook waarbij de persoon in kwestie door anderen wordt bekeken en beoordeeld. Het middel werd ook gebruikt om spijsverteringsproblemen tegen te gaan, zoals indigestie, pijn in de onderbuik, winderigheid, misselijkheid en hoofdpijn. Vaak heeft de patiënt behoefte aan zoete 'troost' of aan andere soorten voedsel. Zilvernitraat kan worden gegeven bij strottenhoofdontsteking (laryngitis), keelpijn en heesheid, oogontsteking zoals bindvliesontsteking, en menstruatiepijn. Andere soorten pijn, astma en wratten kunnen er ook mee worden bestreden.

Vaak ervaart de patiënt voornamelijk symptomen aan de linkerkant van het lichaam, die erger worden bij warmte en in de nacht. Ze verergeren eveneens door zorgen en overmatig werken, emotionele spanning en slapen op de linkerzij. De pijn verergert door praten en bewegen. De symptomen verminderen in koude of koele frisse lucht en worden verlicht door boeren. Ook helpt het om druk uit te oefenen op de pijnlijke plek. Mensen die gevoelig zijn voor zilvernitraat zijn snel van begrip, denken vlug en handelen snel. Ze kunnen extravert en gelukkig lijken, maar zijn ten prooi aan zorgen en onderhuidse angsten die hen gespannen maken. Al hun emoties treden snel aan het oppervlak, en zilvernitraatmensen zijn in staat een indrukwekkende performance te geven. Ze genieten van vele soorten voedsel, met name van zoute en zoete dingen, hoewel die hun spijsvertering kunnen ontregelen. Ze zijn bang van hoogten en mensenmenigten, vrezen te worden beroofd, hebben faalangst, en komen vaak te laat op afspraken. Tevens vrezen ze ernstige ziekten, de dood en gekte. Zilvernitraatmensen zijn meestal slank en vertonen een rusteloze energie en spanning. Ze kunnen scherpe gelaatstrekken hebben en diepe rimpels op hun huid waardoor ze er ouder uitzien dan ze in werkelijkheid zijn.

Arnica montana
Arnica; wolverlei, valkruid
Arnica is een inheemse plant in de bossen en bergstreken van Centraal-Europa en Siberië. De plant heeft een donkerbruin wortelstelsel waaruit een centrale stengel oprijst, waaraan paren langgerekte groene bladeren en felgele bloemen verschijnen. Als de bloemen gekneusd of beschadigd zijn, moet je niezen als je de geur inademt. Voor de bereiding van het homeopathische middel worden alle verse delen van de bloeiende plant gebruikt.

Het is een veelgebruikt eerste hulpmiddel bij symptomen die te maken hebben met allerlei soorten verwondingen, zoals kneuzingen, zwellingen, pijn en bloedingen. Tevens wordt arnica toegepast bij lichamelijke en geestelijke shock. Het is aan te bevelen na operaties, bevallingen of gebitsextracties, omdat het genezing bevordert, en ook bij jicht, pijnlijke reumatische gewrichten, die warm aanvoelen of ontstoken zijn, pijnlijke of verrekte spieren, hersenschudding en osteoartritis (atrose). Als het wordt ingenomen helpt het tegen bloeduitstortingen rond de ogen (blauwe ogen), vermoeide ogen, huidproblemen zoals eczeem, en steenpuisten. Arnica is een goed middel om kinkhoest bij kinderen te behandelen en ook bij bedplassen dat wordt veroorzaakt door nachtmerries. De symptomen verergeren bij warmte, aanraken en langdurige beweging, en ook bij hitte en lang rusten. Ze verminderen wanneer de patiënt net begint te bewegen en gaat liggen met het hoofd lager dan de voeten.

Mensen die gevoelig voor dit middel zijn, zijn vaak ernstig, fatalistisch en hebben last van morbide angsten. Arnicatypen ontkennen in de regel het bestaan van welke ziekte dan ook, ook al voelen ze zich duidelijk onwel. Ze zoeken meestal geen medische hulp, omdat ze het liever in hun eentje oplossen.

Arsenicum album
Arsen. alb.; wit arseentrioxide

Dit is een veelgebruikt homeopathisch middel op basis van wit arseentrioxide, dat wordt gewonnen uit arsenopyriet, een mineraal metaalerts, of arsenicum. Arsenicum heeft eeuwenlang bekendgestaan als middel tegen syfilis. Wit arseentrioxide werd vroeger gebruikt om de spieren en huid van dieren te verbeteren, bijvoorbeeld die van paarden.

Tegenwoordig wordt het middel toegepast om acute klachten te behandelen die te maken hebben met de spijsvertering, pijn op de borst en geestelijke symptomen, zoals zorgelijkheid en angst. Vandaar dat het tevens een middel is tegen diarree en braken als gevolg van het nuttigen van verkeerd voedsel, voedselvergiftiging of overmatig alcoholgebruik. Het middel wordt eveneens toegepast bij uitdrogingsverschijnselen bij kinderen na buikgriep of een ziekte waarbij koorts is opgetreden. Het is een middel tegen astma, ademhalingsmoeilijkheden, aften, karbonkels (een serie steenpuisten), droge en gesprongen lippen, een brandende huid, ontstoken en waterige, prikkende ogen en psoriasis. Ook helpt het tegen ischias, roos, een rauwe keel en moeilijkheden met slikken, candidiasis (een schimmelinfectie) in de mond en reisziekte. Er kan sprake zijn van oedeem (vocht vasthouden) in de vorm van dikke enkels.

Een patiënt die baat heeft bij arsenicum album ervaart branddende pijnen, maar ook kou. De huid kan bij aanraken ofwel warm, ofwel koud aanvoelen. De symptomen worden erger bij kou in welke vorm dan ook, inclusief koud voedsel en koude dranken, en tussen middernacht en drie uur in de ochtend. Ze verergeren aan de rechterkant en als de patiënt zich in de buurt van de kust bevindt. De symptomen verminderen bij warmte, inclusief warme dranken, bij lichte lichaamsbeweging en wanneer bij het liggen het hoofd hoger is geplaatst dan de voeten. Arsenicum-albumtypen zijn precies, nauwgezet en ambitieus. Ze hebben een grote hekel aan alle vormen van wanorde. Ze gaan altijd onberispelijk gekleed en alles in hun leven is keurig en netjes. Maar ze hebben vaak grote zorgen, vooral over hun financiële zekerheden en hun eigen gezondheid en die van hun familie. Ze zijn bang voor ziekte en doodgaan, verlies van financiële en persoonlijke status, voor berovingen, voor het donker en voor bovennatuurlijke krachten. Arsenicum-albummensen hebben uitgesproken meningen en tolereren niet zomaar tegenspraak of mensen met een meer ontspannen en minder geordende levensstijl. Ze kunnen van diverse soorten voedsel genieten, van koffie en van alcoholische dranken. Ze zijn meestal slank, met fijne gelaatstrekken en een lichte huid, die rimpels kan vertonen. Hun bewegingen zijn veelal snel en hun manier van doen is serieus en enigszins rusteloos, hoewel ze nooit onbeleefd zijn.

Atropa belladonna

Belladonna, nachtschade, bitterzoet, wolfskers, doodskruid, duivelskruid, alfrank

Belladonna is een inheemse plant in het grootste deel van Europa, hoewel hij in Schotland weinig voorkomt. De plant is bijzonder giftig en vele kinderen zijn overleden omdat ze geen weerstand konden bieden aan de verleidelijke glanzende donkere besjes. Het is een stevige, houtige plant met lichtbruine wortels, die zo'n 1,20 meter hoog kan worden, met groene ovale bladeren en lichtpaarse klokvormige bloempjes. In de Middeleeuwen nam deze plant in de brouwsels van heksen een vaste plek in. Italiaanse vrouwen gebruikten een aftreksel als oogdruppels om hun pupillen te verwijden en zichzelf zo mooier te maken (vandaar de naam, *bella donna* wat 'mooie vrouw' betekent). De plant bevat atropine, een alkalische stof die leidt tot verlamming van de zenuwen. In de reguliere geneeskunde wordt de stof gebruikt om pijnlijke krampen tegen te gaan en als verdoving bij oogbehandelingen.

In de homeopathie wordt het middel verkregen uit de tot pulp gestampte bladeren en bloemen. Hahnemann beproefde het als middel tegen roodvonk, en met succes. Belladonna wordt toegepast bij acute klachten waarbij sprake is van een kloppende, bonzende hoofdpijn en een rood aangelopen huid, hoge koorts en starende, verwijde pupillen. De huid rond de mond en lippen kan bleek zien, maar de tong is felrood en de handen en voeten voelen koud aan. Het wordt gebruikt als middel tegen infectieziekten zoals griep, roodvonk, mazelen, kinkhoest, waterpokken, de bof en vroege fases van longontsteking. Tevens kan het worden toegepast bij steenpuisten, oorpijn (vooral oorpijn aan de rechterkant, die erger wordt wanneer het hoofd koud of nat is), blaasontsteking, zenuwpijn (scherpe pijn langs de baan van een zenuw) en keelpijn. Andere klachten die met dit middel kunnen worden bestreden zijn pijn bij de bevalling, pijnlijke borsten bij het geven van borstvoeding, koorts en pijn bij doorkomende tandjes bij kinderen, onderbroken slaap en fijt (ontsteking van een vingernagel). De symptomen verergeren 's nachts en als de patiënt gaat liggen, en zijn aan de rechterkant van het lichaam het ergst. Ook nemen ze toe bij harde geluiden, fel licht, schokken van het lichaam, het aanraken van of druk uitoefenen op de aandoening en in een koele omgeving. Ze verminderen bij rechtop zitten of staan en het warm houden van het lichaam, of warme kompressen op het pijnlijke lichaamsdeel aanbrengen.

Mensen die gevoelig zijn voor belladonna genieten meestal een goede gezondheid. Ze zijn fit en energiek en overal klaar voor. Ze zijn amusant, prettig in de omgang en zijn als ze goed gezond zijn populair. Maar als ze ziek worden, is het tegenovergestelde vaak het geval en kunnen ze rusteloos, prikkelbaar en soms zelfs gewelddadig zijn.

Aurum metallicum
Aurum met.; goud

In de vroege Middeleeuwen werd goud door Arabische artsen, die het als middel tegen hartklachten gebruikten, hogelijk gewaardeerd. In het begin van de twintigste eeuw werd goud gebruikt ter behandeling van tuberculose. Tegenwoordig wordt het in de reguliere geneeskunde toegepast bij sommige kankertherapieën en bij reumatische en artritisachtige klachten.

In de homeopathie wordt zuiver goud tot een fijn poeder vermalen, dat zowel wordt aangewend bij lichamelijke als bij geestelijke symptomen. Het wordt gebruikt als middel bij hart- en vaatziekten, zoals angina pectoris. De symptomen zijn onder andere een kloppende, bonzende hoofdpijn, pijn in de borst, moeilijkheden met ademhalen en hartkloppingen. Goud wordt ook toegepast bij stoornissen van de lever die gepaard gaan met geel zien, bij pijnlijke botten en gewrichten (vooral knieën en heupen), ontsteking van de teelballen en een niet-ingedaalde teelbal bij jongetjes (vooral als het om de rechter teelbal gaat). Het is een middel tegen voorhoofdsholteontsteking en ernstige geestelijke klachten, zoals algehele wanhoop, depressie en zelfmoordgedachten.

Mensen die goed op dit middel reageren zijn vaak hard op weg een workaholic te worden. Hij of zij is overmatig consciëntieus, maar heeft toch meestal het gevoel dat hij of zij niet genoeg heeft gedaan, en is bovendien overgevoelig voor kritiek van anderen. Zo iemand kan zichzelf als een mislukkeling gaan beschouwen en kan dan terecht komen in een ernstige klinische depressie of zelfs suïcidaal worden. De symptomen verergeren bij geestelijke inspanning en concentratie, of door overmatige lichaamsbeweging, vooral 's avonds of 's nachts en door emotionele beroering. Ze verminderen door koude baden, wandelen in de frisse lucht en door rust en kalmte.

Bryonia alba
Bryonia; witte heggenrank

Bryonia is een inheemse plant in grote delen van Europa. Hij heeft grote, witte, vertakte wortels met verdikkingen die zeer giftig zijn. De geur die ze afgeven is onaangenaam, ze smaken bitter en na consumptie treedt de dood snel in. De lange ranken klimmen door middel van kurkentrekkerachtige grijpertjes omhoog en in de herfst krijgt de plant ronde, zwarte bessen. De heggenrank werd in de Griekse en Romeinse oudheid gebruikt voor medicinale doeleinden en werd beschreven door Hippocrates.

Het homeopathische middel wordt vervaardigd van de verse, tot pulp gemalen wortel en wordt voornamelijk gebruikt voor klachten die gepaard gaan met acute stekende pijn, die erger wordt bij de geringste beweging en wordt verlicht door rust. Deze kwalen ontwikkelen zich in de regel langzaam en gaan vergezeld van symptomen als een droge huid, een droge mond, droge ogen en een grote dorst. Het middel wordt toegepast ter behandeling van ontsteking van het gewrichtsvlies bij artritis en reumatische aandoeningen die gepaard gaan met zwellingen, warmte en pijnen. Tevens wordt het gebruikt bij borstontsteking, pleuritis, bronchitis op de borst en longontsteking in combinatie met hevige pijn en een droge hoest. Tot de spijsverteringsklachten die met heggenrank kunnen worden behandeld, behoren indigestie, koliek, constipatie, misselijkheid, braken en diarree. Ontsteking van de borsten vanwege borstvoeding, krampjes bij baby's, jicht en pijn in de lenden (lumbago) kunnen eveneens door heggenrank worden verlicht. De symptomen verergeren door beweging en bukken, en verminderen met rust en wanneer er druk wordt uitgeoefend op het pijnlijke lichaamsdeel.

Mensen die vatbaar zijn voor heggenrank werken hard en zijn consciëntieus en betrouwbaar, maar vrezen armoede. Ze hebben de neiging succes in het leven te definiëren in termen van geld of materieel bezit. Ze kunnen slecht tegen alles wat de veiligheid van hun levensstijl bedreigt; dan maken ze zich grote zorgen en worden ze erg somber.

Calcarea carbonica
Calc. carb,; calciumcarbonaat
Dit belangrijke homeopathische middel wordt gemaakt van tot poeder vermalen parelmoer, de fraai glanzende laag aan de bin-

nenkant van oesterschelpen. Calcium is een essentieel mineraal voor het lichaam, omdat het uiterst belangrijk is voor een gezonde ontwikkeling van de botten en het gebit.

Calciumcarbonaat als homeopathisch middel wordt bij diverse aandoeningen toegepast, vooral als die te maken hebben met botten en het gebit, en ook bij bepaalde huidproblemen en symptomen die verband houden met de vrouwelijke voortplantingsorganen. Het is een middel tegen zwakke of zich traag ontwikkelende botten, tanden en kiezen, en voor breuken die slechts langzaam genezen. Tevens is het geschikt voor kinderen die tandjes krijgen, bij pijn in de botten, het gebit en de gewrichten, bij hoofdpijn en oogontsteking die zich voordoen aan de rechterkant van het lichaam en bij oorinfecties die gepaard gaan met kwalijk riekende afscheiding. Premenstrueel syndroom, zware menstruatiebloedingen en overgangsklachten kunnen eveneens door calciumcarbonaat worden verlicht. Ook kloofjes in de huid en eczeem kunnen met dit middel worden verholpen. Calciumcarbonaat kan worden gegeven als middel tegen bepaalde wratten (verruca) en spruw.

Mensen die er baat bij hebben zijn erg gevoelig voor kou, vooral aan handen en voeten, en transpireren vaak hevig. Ze lijden aan vermoeidheid en zorgelijkheid en hun lichaamsafscheidingen (transpiratievocht en urine) ruiken onaangenaam. Kinderen die gevoelig zijn voor calciumcarbonaat hebben geregeld last van oor-, neus- en keelontstekingen, met name tonsillitis en loopoor. De symptomen verergeren bij tocht en koud, vochtig weer en tevens 's nachts. Ze zijn het ergst wanneer de patiënt 's ochtends net is ontwaakt en bij lichaamsbeweging en transpireren. Bij vrouwen verergeren de symptomen voor de menstruatie. Ze verminderen bij warm, droog weer, later op de ochtend en nadat de patiënt heeft ontbeten.

Mensen die gevoelig reageren op calciumcarbonaat hebben vaak last van overgewicht en hebben een bleke huid. Ze zijn verlegen en heel gevoelig, zijn in gezelschap stilletjes en maken zich voortdurend zorgen over wat anderen van hen denken. Ze werken hard en zijn consciëntieus, zijn betrouwbaar en zij kunnen zich het leed van anderen sterk aantrekken. Ze hebben behoefte om veel en vaak te worden gerustgesteld door vrienden en familieleden en hebben de neiging zichzelf als mislukt te beschouwen. Meestal zijn calciumcarbonaatmensen goed gezond, maar hun skelet is vaak zwak. Ze genieten van allerlei verschillende soorten voedsel en overeten zich daaraan al snel, maar koffie en melk verdragen ze slecht. Angst voor de dood en voor ernstige ziekten houden hen bezig, evenals het bovennatuurlijke, gekte, mislukt zijn en mogelijke armoede. Bovendien komt het vaak voor dat ze lijden aan claustrofobie.

Calcarea fluorica

Calc. fluor; fluoriet, calciumfluoride, kalkfluoride, vloeispaat
Dit homeopathische middel is een van de biochemische zouten van Schussler (zie WOORDENLIJST). Calciumfluoride komt van nature in het lichaam voor in het tandglazuur, de botten, de huid en het bindweefsel. Het wordt gebruikt ter behandeling van klachten die betrekking hebben op deze lichaamsweefsels of om hun elasticiteit in stand te houden. Het wordt toegepast om chronische lendenpijn te verlichten, bij littekens, om na operaties verkleving te voorkomen, bij jicht en bij artritisknobbels. Tevens helpt het bij Engelse ziekte, trage botgroei bij kinderen, opgezette klieren die verharden vanwege aanhoudende, terugkerende infecties van de luchtwegen, en bij grauwe staar. Het middel wordt toegepast om zwak tandglazuur te versterken en ook bij verrekte en verstuikte gewrichtsbanden en spieren.

Mensen die goed op het middel reageren zijn intelligent en punctueel, maar hebben de neiging door gebrek aan planning fouten te maken. Ze hebben er baat bij als anderen hun vertellen hoe ze het meest efficiënt kunnen werken. Bovendien vrezen ze armoede en ziekte. Ze hebben vaak last van aambeien, spataderen, opgezette klieren en spier- en gewrichtspijn. Ze lopen vaak snel, met schokkerige bewegingen. De symptomen verergeren wanneer de patiënt net in beweging komt en bij kou, vocht en tocht. Ze verminderen bij warmte en hitte en bij voortgezette, lichte beweging.

Calcarea phosphorica
Cal.fos., calciumfosfaat
Dit homeopathische middel is een van de biochemische zouten
van Schussler (zie WOORDENLIJST). Het is een van de mineralen
die zorgt voor de stevigheid van botten en tanden. Het wordt verkregen door de chemische reactie tussen verdunde fosforische
zuren en calciumhydroxide, waarbij een wit bezinksel van calciumfosfaat wordt gevormd.

Calciumfosfaat is een essentieel mineraal voor een normale,
gezonde ontwikkeling van botten en tanden en wordt dan ook ingezet bij klachten op deze vlakken. Het is bijzonder effectief bij
pijnlijke botten, gecompliceerde breuken die langzaam helen,
tanden die gevoelig zijn voor cariës, problemen bij de groei van
botten bij kinderen en zogenoemde groeipijnen. Bovendien kan
het een ondersteunende functie hebben tijdens de genezing als
een patiënt verzwakt en moe is na een periode van ziekte, en het
helpt bij spijsverteringsklachten, diarree, maagpijn en indigestie. Het kan ook gebruikt worden voor de behandeling van tonsillitis, keelpijn en opgezette klieren.

Kinderen die baat hebben bij een behandeling met calciumfosfaat zijn vaak dun, bleek, zwak en gevoelig voor ziektes en
hoofdpijnen. Ze zijn vaak kribbig en veeleisend. Volwassenen
zijn vaak ongelukkig en ontevreden met hun leefomstandighe-
den, maar zijn wel vriendelijk tegen anderen. Ze zijn rusteloos en
hebben behoefte aan veel afwisseling en stimulans. Ze hebben
een hekel aan routine en hebben een goede reden nodig om
's ochtends uit bed te komen. Symptomen worden verergerd
door weersveranderingen en tijdens koude, vochtige perioden,
zoals bijvoorbeeld sneeuwval. De klachten worden ook heviger
door zorgen en een overdaad aan lichamelijke activiteit. De klachten verminderen bij droog en warm weer, in de zomer, en door
het nemen van warme baden.

Calendula officinalis
Calendula, goudsbloem
Dit is een gangbare tuinplant die in veel delen van Europa groeit.

De plant heeft lichtgroene bladeren en fel oranje bloemen. De goudsbloem wordt al eeuwenlang om zijn helende vermogen gewaardeerd en werd ook vroeger al gebruikt om verschillende kwalen mee te behandelen.

In de homeopathie worden vooral de bladeren en de bloemen gebruikt, en ze worden veel als eerste hulpmiddel gebruikt vanwege hun antiseptische en ontstekingsremmende werking. Calendula wordt gebruikt bij de behandeling van steenpuisten, beten, snij- en schaafwonden en om bloedingen te stoppen, vaak in de vorm van zalf die op de beschadigde huid kan worden gesmeerd. Het wordt vaak gebruikt voor scheurtjes die zijn opgelopen bij bevallingen. Calendula wordt ook als antiseptische tinctuur gebruikt om de mond mee te spoelen na het trekken van tanden of kiezen, bij abcessen of een ontstoken keel. Wanneer het wordt ingenomen voorkomt het de vorming van pus en het wordt dan ook gebruikt bij de behandeling van maagzweren, koorts en geelzucht. Het is een bijzonder geschikt middel om toe te passen bij kinderziektes. De symptomen verergeren in vochtige en tochtige omstandigheden en na het eten. De symptomen nemen af door rond te wandelen of volledig stil te blijven liggen.

Cantharis versicatoria

Cantharis, Spaanse vlieg

Dit middel wordt gewonnen uit het lichaam en de vleugels van een felgroen iriserende kever die voornamelijk voorkomt in het zuiden van Spanje en in Frankrijk. De kever scheidt een stof af die canthardine wordt genoemd en die irriterend kan werken, tevens giftig is en vroeger als middel tegen wratten werd gebruikt. Het heeft zijn bekendheid te danken aan markies De Sade, die het als afrodisiacum gebruikte. De kevers worden gedroogd en vermalen tot een poeder, dat vervolgens in de homeopathie wordt toegepast.

Het is een middel dat bij uitwendig gebruik het lichaamsdeel waarop het wordt aangebracht, irriteert en daar blaren veroorzaakt. Wordt het inwendig toegepast dan heeft het invloed op de blaas, het urinewegstelsel en de geslachtsorganen. Vandaar dat het wordt aangewend bij klachten waarbij sprake is van stekende en brandende pijnen. Een symptoom dat hierbij vaak optreedt is grote dorst, hoewel drinken de patiënt erg tegenstaat. Het middel wordt toegepast bij blaasontsteking die gepaard gaat met vlijmende, hete pijnen bij het urineren, wanneer de patiënt vaak moet plassen en dat pijn doet, en bij andere urineweginfecties. Bepaalde ontstekingen van het spijsverteringskanaal waarbij het onderlichaam opgeblazen aanvoelt en er sprake is van brandende pijnen en diarree, kunnen er eveneens mee worden tegengegaan. Over het algemeen is het een geschikt middel bij brandwonden en brandblaren op de huid zoals bij zonnebrand, bij insectensteken en uitslag die met pus bevattende puistjes vertoont.

Ook sommige geestelijke symptomen kunnen door Spaanse vlieg worden verholpen, zoals bozig en geïrriteerd of gewelddadig gedrag, uitzonderlijke angstigheid en een overmatig libido. De symptomen worden erger bij beweging, aanraking en na het drinken van koffie of gekoeld water. Ze verminderen bij het laten van winden, bij warmte, 's nachts en bij zeer lichte massage.

Carbo vegetabilis
Carbo veg.; plantaardige houtskool
Het homeopathische middel wordt gemaakt van houtskool, dat op zijn beurt weer wordt verkregen door hout zonder zuurstof te verhitten of deels te verbranden. De houtskool is hard, zwart of donkergrijs en is een vorm van koolstof die in alles wat leeft aanwezig is. Houtskool wordt al eeuwenlang gemaakt en meestal wordt er hout van de zilverberk, beuk of populier voor gebruikt.

Het homeopathische middel wordt gebruikt om patiënten te behandelen die zwak of volkomen uitgeput zijn, vooral na een zware ziekteperiode of operatie. Het wordt tevens toegepast bij postoperatieve shock, als de patiënt een klamme, koud aanvoelende en bleke huid heeft, maar vanbinnen wel een warm of branderig gevoel heeft. Het is een zinvol middel bij klachten die samenhangen met verminderde doorbloeding, zoals spataderen. Ook dan is de huid vaak bleek, klam en koel, met een blauwachtig waas, en voelen de handen en voeten koud aan. De benen kunnen opgezet zijn en tevens kunnen symptomen als heesheid, strottenhoofdontsteking (laryngitis) en lusteloosheid voorkomen. Carbo vegetabilis kan uitkomst bieden bij spijsverteringsklachten; in de reguliere geneeskunde wordt hierbij ook koolstof gebruikt.

Symptomen zijn indigestie, brandend maagzuur en winderigheid, die gepaard gaan met een zure smaak in de mond. Ochtendhoofdpijn met de begeleidende symptomen van misselijkheid en duizeligheid of flauwvallen kunnen door Carbo vegetabilis worden verholpen, vooral als de pijn wordt veroorzaakt omdat de patiënt de vorige avond zwaar heeft getafeld.

Mensen die goed op dit middel reageren klagen vaak dat ze geen energie hebben en inderdaad kunnen ze lichamelijk en geestelijk uitgeput zijn, met een slecht concentratievermogen en plotseling geheugenverlies. Meestal hebben ze zich bepaalde vaste meningen eigen gemaakt en niet veel belangstelling voor nieuws uit de buitenwereld. Ze houden niet van de nacht en vrezen het bovennatuurlijke. De symptomen verergeren bij warm, vochtig weer, 's avonds en 's nachts, en wanneer de patiënt gaat liggen. Ze worden ook erger na het nuttigen van vette maaltijden, koffie, melk en wijn. Ze verminderen na oprispingen en in koele, frisse lucht.

Chamomilla

Kamille, Roomse kamille, echte kamille, gevulde kamille, gele kamille, loopkamille

Een kruipende en rankende plant die in de zomer margrietachtige bloemen vormt en van een droge, zanderige bodem houdt. Overal in Noord-Europa komen diverse soorten kamille voor en de plant wordt al van oudsher als medicijn gebruikt – Hippocrates beschreef al kamille. Als je over kamille loopt, geeft de plant een aromatisch parfum af. In de Middeleeuwen werd kamille dan ook geplukt en binnenshuis op de vloer gestrooid om zo onaangename luchtjes tegen te gaan. De plant wordt hogelijk gewaardeerd om zijn vele medicinale toepassingen; zowel de bloemen als de blaadjes worden gebruikt als middel tegen allerlei klachten. Kruidengenezers gebruiken kamille bij huidklachten, zoals eczeem, en bij astma en onrustig slapen.

In de homeopathie wordt het middel toegepast vanwege zijn kalmerende en sedatieve effect bij alle klachten waarbij sprake is van rusteloosheid, irritatie en pijn. Het is een nuttig middel voor kinderen die tandjes krijgen en die zeurderig zijn wanneer ze worden neergezet, bij koliekpijnen en bij een verstoorde nachtrust. Eveneens is het geschikt bij kiespijn waarbij de ene wang rood en de andere wit is en die verergert door warmte en wordt verlicht door kou. Het middel wordt gebruikt bij verstopte oren en oorpijn, bij zware bloedingen tijdens de menstruatie en bij irritaties en ontstekingen die optreden bij het geven van borstvoeding.

Mensen die er gevoelig voor zijn, kunnen slecht pijn verdragen. Ze beginnen dan te transpireren of vallen flauw, vooral kinderen en vrouwen. Als ze ziek zijn, zijn ze prikkelbaar en humeurig. De symptomen verergeren wanneer de patiënt kwaad wordt, bij koude wind en in de buitenlucht. Ze verminderen wanneer de patiënt enige tijd vast of wanneer het weer vochtig en warm is. Mensen die goed op kamille reageren, zijn lawaaiige slapers in die zin dat ze tijdens het dromen vaak praten of kreten slaken. Als ze plotseling wakker worden gemaakt, zijn ze uiterst prikkelbaar. Ze laten hun voeten 's nachts graag onder de dekens uitsteken om ze koel te houden.

Chincona officinalis
Chinchona succirubra; China rubra, kinaboom, kinabast
Dit homeopathische middel wordt gewonnen uit de gedroogde bast van de kinaboom en bevat kinine. De aantrekkelijke altijdgroene kinaboom met zijn rode bast is inheems in de tropische wouden van Zuid-Amerika, maar wordt ook gekweekt in India, Sri Lanka en Zuidoost-Azië. In 1638 werd een middeltje dat was gemaakt van tot poeder vermalen bast toegediend aan de gravin van Chinchon, de echtgenote van de onderkoning van Peru, die leed aan een ziekte die gepaard ging met koorts. Toen ze was hersteld bracht ze het middel in de openbaarheid, en van toen af aan werd de boom kinaboom genoemd. Al lange tijd was bekend dat

het middel goed hielp tegen malaria en als zodanig werd het door jezuïtische priesters toegepast. Het was de eerste homeopathische stof die Hahnemann op zichzelf testte en beproefde.

In de moderne homeopathie wordt kina vooral gebruikt als middel tegen nerveuze en lichamelijke uitputting die het gevolg is van een chronische, zware ziekte. Het wordt gebruikt tegen zwakte door uitdroging, transpireren, verkoudheid en koorts, en hoofdpijn die door stevige druk wordt verlicht. De patiënt wil eerder drinken op het moment dat hij het koud heeft en rillerig is dan wanneer hij koortsig en warm is. Hij of zij heeft meestal een vale, ongezonde huidskleur en een uiterst gevoelige huid. Kina wordt ook gebruikt als middel tegen zenuwpijn, trillende spieren door grote vermoeidheid, bloedingen zoals een bloedneus, en oorsuizingen (tinnitus). Het middel heeft een heilzaam effect op de spijsvertering en wordt toegepast bij winderigheid, aandoeningen van de galblaas en spijsverteringsproblemen. Bepaalde geestelijke symptomen kunnen er ook mee worden verholpen, zoals prikkelbaarheid en lichtgeraaktheid die normaal gesproken niet bij de persoon in kwestie passen, apathie, concentratieproblemen en slapeloosheid.

Mensen die gevoelig zijn voor dit middel zijn vaak artistiek en fantasierijk, maar erg gespannen. Ze voelen zich beter thuis in de wereld van de natuur dan tussen de mensen om hen heen. Ze zijn intens en houden niet van gesprekken over triviale onderwerpen en ook niet van vet voedsel, zoals boter, maar ze houden wel van alcoholische dranken. Ze zijn van nature prikkelbaar en somber, en ze hebben de neiging 's nachts grootse plannen te beramen, waar vervolgens weinig of niets van terechtkomt. De symptomen verminderen bij warmte en voldoende slaap en door gestage druk uit te oefenen op het pijnlijke lichaamsdeel. Ze verergeren bij koud, winderig weer, vooral in de herfst, en 's avonds en 's nachts.

Citrullus colocynthis
Kolokwint, bitterkomkommer, kwintappel
De plant, lid van de komkommerfamilie en familie van de water-

meloen, is inheems in Turkije en komt ook voor in delen van Azië en Afrika, waar hij in droge, aride omstandigheden floreert. Hij krijgt gele bloemen en na de bloeitijd verschijnen er geeloranje gladde vruchten, die ongeveer het formaat hebben van een flinke appel. De vruchten bevatten vele zaadjes die in een witachtige pulp zijn ingebed. Het homeopathische middel kolokwint wordt gewonnen uit de gedroogde vruchten waaruit de zaadjes verwijderd zijn. Vervolgens worden deze vruchten tot poeder vermalen. De vrucht zelf is giftig, heeft een sterk irriterend effect op het spijsverteringskanaal en veroorzaakt hevige krampachtige pijnen, ontstekingen en bloedingen. Dit komt doordat de vruchten de stof kolokwintine bevatten. Volgens de overlevering zou Elisa, de profeet uit het Oude Testament, tijdens de hongersnood in Gilgal op wonderbaarlijke wijze de vruchten hebben veranderd waardoor ze voor menselijke consumptie geschikt waren geworden.

In de homeopathie wordt kolokwint gebruikt bij koliekachtige pijnen in het onderlichaam die vergezeld kunnen gaan van misselijkheid en diarree (en ook bij krampjes bij kleine baby's). Men past het middel tevens toe bij zenuwpijn, vooral in het gezicht, bij ischias, zenuwpijn in de eierstokken of nieren, reumatische aandoeningen en hoofdpijn.

Mensen die baat hebben bij kolokwint zijn vaak gereserveerd en hebben de neiging hun woede op te kroppen. Ze hebben duidelijke ideeën over goed en kwaad en kunnen danig van slag raken wanneer iemand er een andere mening op na houdt. Als de persoon in kwestie geïrriteerd raakt of boos wordt kunnen lichamelijke symptomen, zoals koliekpijnen, zenuwpijn of maagpijn het gevolg zijn. Ook koud en vochtig weer kan deze klachten bewerkstelligen. De symptomen verergeren eveneens bij eten en drinken. Ze worden verlicht door warmte, door druk uit te oefenen op het pijnlijke lichaamsdeel en door koffie te drinken. Winden laten kan ook verlichting brengen.

Cuprum metallicum
Cuprum met.; koper
Kopererts, dat wordt aangetroffen in gesteente in vele delen van

de wereld, wordt al eeuwenlang gedolven en gebruikt voor de vervaardiging van onder andere wapens, gebruiksvoorwerpen en sieraden. In het verleden maakten artsen een zalf van het vermalen metaal en deze zalf werd aangebracht op open wonden om de genezing te bevorderen. Koper in grote doses is giftig, tast het zenuwstelsel aan en leidt vervolgens tot spasmen, verlamming en soms de dood, omdat het invloed heeft op de spieren die de ademhaling reguleren. Er zijn toxische effecten vastgesteld bij mensen die met het metaal werkten; hun gezondheid ging achteruit doordat ze voedsel minder makkelijk verteerden en hoestaanvallen hadden en last kregen van ademhalingsproblemen, evenals van koliekachtige pijnen.

Het ruwe, goudkleurige metaal wordt vermalen tot een fijn rood poeder, dat in de homeopathie wordt gebruikt om krampen tegen te gaan, koliekpijnen in het onderlichaam en spierspasmen in de kuiten, voeten en enkels. Het wordt tevens toegepast als een remedie tegen epilepsie en klachten die verband houden met de luchtwegen, zoals astma, kroep en kinkhoest die gepaard gaan met spasmen. De patiënt kan uit ademnood blauw aanlopen. De symptomen verergeren bij aanraken, bij warm en zonnig weer, en bij het opkroppen van emoties. Ze verminderen door transpireren en door koude vloeistoffen te drinken.

Mensen die baat hebben bij koper, hebben vaak last van stemmingswisselingen die variëren van koppigheid tot passiviteit en van huilerigheid tot somberheid. Ze zijn vaak serieus, oordelen streng over zichzelf en houden hun emoties strak in toom. Als baby of kleuter houden ze vaak hun adem in en dan lopen ze blauw aan van kwaadheid. Als kind zijn ze soms destructief, maar het kunnen ook kinderen zijn die graag alleen zijn en niet van gezelschap houden.

Daphne mezereum
Rood peperboompje
Deze giftige plant is inheems in noordelijke streken van Europa en wordt in Engeland gekweekt. Hij bloeit met vrolijke felrode bloemen en heeft donkergroene bladeren. De bast is het gedeelte

dat wordt gebruikt in de homeopathie. Het middel wordt toegepast bij huidaandoeningen die gepaard gaan met blaarvorming, met name wondroos, gordelroos en zweren aan de benen door doorbloedingsstoornissen. Tevens wordt het gebruikt bij klachten waarbij sprake is van een aanhoudende droge hoest, een beklemd gevoel op de borst en slijmafscheiding uit de neus. De patiënt kan last hebben van brandende pijnen die 's nachts verergeren.

Drosera rotundifolia

Ronde zonnedauw, vliegenvangertje

Dit vleesetende plantje (het eet insecten) komt algemeen voor in Europa, waar het groeit op de schrale, aride bodem van veengebieden, vochtige moerassen en bossen. Het is een kleine plant die laag bij de grond groeit en insecten vangt als aanvulling op het voedsel dat hij aan de schrale bodem onttrekt. De plant valt op door zijn ronde blaadjes die met lange rode haren zijn overdekt. Elk haartje is aan het uiteinde voorzien van een klier die vocht kan afscheiden. Als de zon schijnt, lijken deze vochtdruppels op dauwdruppels – vandaar de naam zonnedauw. Een insect dat op een blaadje terechtkomt, komt vast te zitten omdat het blad zich naar binnen toe dicht krult en de afgescheiden kleverige stof het slachtoffer gevangen houdt. De afscheiding bevat enzymen die het insectenlichaam verteren, en de plant neemt vervolgens de voedingsstoffen op. De witte bloempjes van de zonnedauw gaan 's morgens vroeg helemaal open, maar vouwen zich dicht wanneer de zon al te uitbundig schijnt.

In de Middeleeuwen werd de plant gebruikt als middel tegen tuberculose en de pest, en in de vroege Aziatische geneeskunde ook als middel tegen huidaandoeningen. Men ontdekte dat schapen die per ongeluk zonnedauw aten een krampachtig kuchje ontwikkelden dat klonk als kinkhoest. Dit gegeven werd nader onderzocht en zonnedauw werd in de homeopathie een effectief middel tegen deze ziekte bevonden. De hele plant wordt voor de bereiding van het middel gebruikt. Elke aandoening waarbij sprake is van een hevige, droge en aanhoudende blafhoest die gepaard gaat met krampen, zoals bij kinkhoest het geval is, kan met zonnedauw worden verholpen. Het middel werkt vooral in op het bovenste gedeelte van de luchtwegen. Symptomen die veel voorkomen zijn kokhalzen, braken, transpireren en een bloedneus. Zonnedauw wordt ook gebruikt bij bronchitis, astma, likdoorns en wratten, groeipijnen en pijn in de botten.

Mensen die gevoelig zijn voor zonnedauw zijn rusteloos en bang om alleen te zijn als ze ziek zijn. Bovendien zijn ze vaak koppig en hebben ze moeite zich te concentreren. Ze zijn achterdochtig, bijgelovig en bang voor spoken. De symptomen verergeren als ze het in bed te warm hebben, na middernacht en als ze huilen, gaan liggen, lachen, zingen en praten. Ze nemen eveneens toe door koud voedsel en koude dranken. De symptomen verminderen in de frisse lucht, door te wandelen of aan niet te zware lichaamsbeweging te doen, door rechtop in bed te zitten, druk uit te oefenen op het pijnlijke lichaamsdeel en in een rustige omgeving.

Euphrasia officinalis

Euphrasia, ogentroost

Ogentroost is een aantrekkelijke wilde plant die varieert in hoogte. Ogentroost komt door heel Europa voor en is ook te vinden in Noord-Amerika. Al sinds de Middeleeuwen is bekend dat de plant kan worden aangewend tegen oogontsteking en dit is in de homeopathie nog altijd de voornaamste toepassing. De plant doet het uitstekend op een goed gedraineerde, kalkachtige bodem en kan afhankelijk van de omstandigheden vijf tot veertig centimeter hoog worden. Ogentroost is deels een parasiet en onttrekt een deel van zijn voedingsstoffen aan de wortels van grassen. De plant bloeit met fraaie witte bloemen met paarse adertjes en een geel hart.

In de homeopathie worden de hele plant en de bloemen gebruikt. Het middel dient om oogklachten te behandelen die gepaard gaan met roodheid, ontsteking, vochtafscheiding, steken of jeuk – denk bijvoorbeeld aan bindvliesontsteking, ontsteking van de oogleden, oogverwondingen en droge ogen. Ogentroost is ook een middel tegen allergieën, zoals bij hooikoorts, waarbij de ogen worden aangetast en tegen verkoudheid als die tot oogklachten leidt. Het middel kan worden toegepast bij de beginstadia van mazelen, hoofdpijn, bepaalde menstruatieproblemen en ontsteking van de prostaatklier. De symptomen verergeren in de avond, bij warm weer en sterke wind en als de patiënt te veel binnen zit. Ze verminderen bij gematigd licht, na het drinken van een kop koffie en door koude kompressen.

Ferrum phosphoricum
Ferrum phos.; ijzerfosfaat

IJzerfosfaat is een van de biochemische zouten van Schussler (zie WOORDENLIJST). IJzerfosfaatpoeder wordt verkregen via een chemische reactie tussen natriumfosfaat, natriumacetaat en ijzersulfaat. IJzer is een heel belangrijke stof in het lichaam en komt voor in het hemoglobinepigment van de rode bloedlichaampjes die zuurstof transporteren naar alle weefsels en organen.

Het homeopathische middel wordt gebruikt om de vroege fases van infecties, ontstekingen en koorts te behandelen, voordat er specifieke symptomen optreden. Het wordt toegepast om verkoudheid en hoestaanvallen te bestrijden waarbij zich lichte koorts kan voordoen, bij hoofdpijn, een bloedneus, bronchitis, heesheid en stemverlies, bij oorpijn en bij reumatische pijnen. Spijsverteringsklachten zoals indigestie, die gepaard gaan met maagzuur, ontsteking van de maagwand (gastritis) en braken, kunnen evenals bepaalde menstruatiestoornissen met dit middel worden verholpen. Ook wordt het gebruikt bij vroege symptomen van dysenterie. De patiënt ziet vaak bleek, maar wordt snel rood en voelt in de voormiddag koud aan. Er kan sprake zijn van een snelle, zwakke polsslag. De symptomen verergeren 's nachts en 's ochtends vroeg tussen vier en zes uur. Ze worden tevens erger bij hitte en in de warme zon, bij bewegen en schokken van het lichaam, bij druk en aanraken, wanneer de patiënt op zijn rechterzij ligt en als hij of zij deodorant gebruikt tegen transpiratie. De symptomen verminderen na koude kompressen en met lichte beweging.

Mensen die gevoelig zijn voor ijzerfosfaat zijn vaak vrij mager en bleek, maar kunnen makkelijk rood aanlopen. Ze zijn intelligent en maken zich nieuwe ideeën snel eigen, terwijl ze zelf ook volop originele ideeën hebben. Ze kunnen gauw klachten ontwikkelen met betrekking tot de spijsvertering en ademhaling; hun maag is snel van streek en ze hebben vaak last van verkoudheid of hoestaanvallen.

Gelsemium sempervirens
Gelsemium, valse jasmijn
Deze fraaie klimplant is inheems in het zuiden van de Verenigde Staten en delen van Mexico. Hij heeft een houtige stam die zich om boomstronken wikkelt als die in de buurt staan, en groeit op oevers en aan de zeekust. Gelsemium vormt in de vroege lente aantrekkelijke grote, klokvormige en geurige gele bloemen, die niet doen vermoeden dat de plant giftig is. Vanuit de wortelstok groeit een wirwar van gele wortels die een aromatische geur afgeven. De wortel is het gedeelte dat in de homeopathie wordt gebruikt. Als er grote hoeveelheden van worden geconsumeerd, tast dit het centrale zenuwstelsel aan, waardoor verlamming optreedt en mogelijk de dood, doordat de zenuwen en spieren van het ademhalingsstelsel niet meer functioneren.

In de homeopathie wordt gelsemium zowel gebruikt bij lichamelijke als bij geestelijke symptomen. De lichamelijke klachten die ermee worden behandeld hebben veelal te maken met het zenuw- en ademhalingsstelsel. Denk hierbij aan hoofdpijn die erger wordt bij fel licht en beweging, aan multiple sclerose, oogpijn, vooral aan de rechterkant, keelpijn en griepachtige symptomen, zoals oorpijn en spierpijn waarbij koorts optreedt. Bijkomende symptomen zijn onder andere kouwelijkheid en rillen, een rood gezicht en algehele malaise. Geestelijke symptomen die met gelsemium kunnen worden verholpen, zijn onder andere angsten en fobieën die gepaard gaan met vermoeidheid, zwakte, en trillen. Deze angsten kunnen zich voordoen voor een examen, een sollicitatiegesprek of een optreden in het openbaar (plankenkoorts). Opwinding of angst waardoor het hart een slag overslaat en dusdanig piekeren dat het tot slapeloosheid leidt, kunnen ook met gelsemium worden verholpen. De symptomen verergeren in de zon, bij warm en vochtig weer en bij mist. Ze verergeren eveneens als de patiënt rookt, zich opwindt, op een aanstaande gebeurtenis vooruitloopt, bij stress en bij slecht nieuws. De symptomen verminderen door beweging in de frisse lucht, na transpireren en na het drinken van alcohol of een stimulerende drank. Ze verminderen ook na het urineren; meestal wordt er een grote hoeveelheid lichtgekleurde urine uitgescheiden.

Mensen die gevoelig zijn voor gelsemium hebben vaak een fors postuur. Hun huid is blauwachtig en ze klagen geregeld over zwakte en vermoeidheid. Ze vallen ten prooi aan angsten en hebben soms te weinig lef of zijn te angstig om de leiding te nemen of om een normaal actief leven te leiden.

Graphites
Grafiet; potlood

Grafiet is een vorm van koolstof, die de basis van alle leven vormt. Het komt voor in oud stollingsgesteente of metamorf gesteente zoals graniet en marmer, en wordt gewonnen voor industriële toepassingen, zoals batterijen, potloodstiften en reinigings- en smeervloeistoffen. De stof werd onderzocht en beproefd door Hahnemann, nadat hij had ontdekt dat fabrieksarbeiders hem gebruikten om er een koortslip mee te genezen.

Het poeder dat in de homeopathie wordt gebruikt bestaat uit vermalen grafiet en wordt vooral toegepast bij huidaandoeningen die worden veroorzaakt door een onbalans in de stofwisseling en bij maagzweren. Het is een middel tegen eczeem, psoriasis, acne, een ruwe en droge huid met puistjes of blaasjes, om littekens, verdikte en gescheurde nagels of een koortslip te behandelen. Tevens is het een geschikt middel bij maagzweren die zijn veroorzaakt door een verdunning of verzwakking van de bekleding van de maagwand. Ook helpt het bij kramppijnen of een verdoofd gevoel in voeten of handen. Bij vrouwen wordt grafiet gebruikt om bepaalde menstruatieklachten te verhelpen. De symptomen verergeren bij winderig, koud en vochtig weer en door het nuttigen van zoete maaltijden of zeevruchten. Ze verergeren eveneens als de patiënt steroïden gebruikt tegen huidklachten en bij vrouwen tijdens de menstruatie. Aan de linkerkant van het lichaam zijn de symptomen vaak het duidelijkst. Ze verminderen bij warmte, zolang de lucht maar fris is en niet benauwd, in het donker, na eten en slapen.

Mensen die gevoelig zijn voor grafiet hebben vaak een fors postuur, kunnen last hebben van overgewicht en hebben vaak donker haar. Ze houden van lekker eten maar zijn lichamelijk onvoldoende fit, en ze transpireren veel en lopen bij de minste of geringste inspanning rood aan. Ze hebben snel een droge, schilferige huid, vooral op de schedel. Grafietmensen zijn meestal lethargisch en kunnen prikkelbaar zijn. Ze kunnen zich niet concentreren op intellectuele activiteiten. Ze zijn ten prooi aan stemmingswisselingen en zijn snel in tranen, zeker wanneer ze luisteren naar muziek. Een grafietmens heeft het gevoel dat hij of zij het niet heeft getroffen in het leven en heeft algauw zelfmedelijden, wat gepaard kan gaan met een angstig en timide gevoel.

Guaiacum offinicale
Guajak, pokhouthars

Deze fraaie groenblijver is inheems in West-Indië en de noordelijke kuststreken van Zuid-Amerika. De boom wordt tussen de twaalf en achttien meter hoog en bloeit met opvallende donkerblauwe bloemen. In de homeopathie gebruikt men de uit het hout gewonnen hars. Het hout is bijzonder dicht en compact, wat betekent dat het zinkt in water. Deze eigenschap wekte de belangstelling toen die in de Middeleeuwen voor het eerst werd ontdekt. De hars wordt verkregen door stukken hout te verhitten; de gesmolten hars vloeit dan uit een in het hout aangebracht gat en wordt opgevangen. Men laat hem vervolgens afkoelen en uitharden. Meestal wordt de hars geëxporteerd in grote blokken, die al snel in glasachtige stukjes uiteenvallen.

Het middel wordt gebruikt bij ontstekingen van de keelholte (faryngitis) en van de amandelen (tonsillitis); het verlicht een pijnlijke keel. Het wordt vooral aanbevolen wanneer het slijm een nare geur verspreidt en wanneer er sprake is van transpiratie. Tevens is het een goede remedie tegen jicht en reumatische aandoeningen die gepaard gaan met hevige en stekende pijnen. De symptomen verergeren bij extreme warmte of kou, bij vochtig weer en ook bij beweging. Ze kunnen worden verlicht door rust en het lichaam warm te houden.

Hamamelis virginiana

Hamamelis, Virginische toverhazelaar

Deze plant is inheems in het oosten van de Verenigde Staten en Canada, maar wordt tevens in Europa gekweekt. De struik heeft grijsgroene bladeren en gele bloemen die in de herfst verschijnen. Het deel dat in de homeopathie wordt gebruikt, is de bast van de stammen en twijgjes en het buitenste gedeelte van de verse wortel. Deze delen hebben het vermogen lichaamsweefsel, met name bloedvaten, te doen samentrekken en kunnen zo bloedingen stelpen. De geneeskrachtige eigenschappen waren al bekend bij de indianen in Noord-Amerika en werden in de homeopathie voor het eerst onderzocht door dr. Hering.

Hamamelis werkt voornamelijk in op de bloedcirculatie in de aderen, vooral wanneer de aderwanden ontstoken en verzwakt zijn en bloedingen niet snel stoppen. Het middel wordt gebruikt tegen aambeien die gepaard gaan met bloedingen, spataderen en zweren, ontstoken aderen (flebitis), neusbloedingen, zware menstruatie, inwendige bloedingen en pijn die verband houdt met verwondingen of bloedingen. Ook sommige soorten hoofdpijn kunnen door hamamelis worden verholpen, evenals geestelijke klachten, zoals somberheid, prikkelbaarheid en ongeduldigheid. De symptomen verergeren bij warmte en vocht en bij lichamelijke activiteit. Ze verminderen in de frisse lucht, wanneer de patiënt zich op een bepaalde taak of gebeurtenis concentreert, en wanneer hij gesprekken voert, nadenkt en leest.

Hepar sulphuris calcareum

Hepar sulph.; calciumsulfide

Dit middel bestaat uit onzuiver calciumsulfide, dat wordt verkregen door oesterschelpen te kneuzen en tot poeder te vermalen en het met zwavelbloem (zwavelpoeder) te vermengen. Het aloude middel werd vroeger uitwendig aangebracht om zwellingen tegen te gaan die werden veroorzaakt door tuberculose, jicht, reuma en schildklieraandoeningen (krop). Het werd tevens gebruikt bij een jeukende huid. Hahnemann onderzocht en testte het als middel tegen de toxische effecten van kwik, dat door de artsen van zijn tijd alom werd gebruikt.

Tegenwoordig wordt calciumsulfide toegepast bij infecties en alle aandoeningen waarbij sprake is van kwalijk riekende pus. Het verhelpt huidklachten waarbij de huid gevoelig reageert op aanraking, zoals steenpuisten en acne. Ook kan het worden toegepast bij ontstoken amandelen (tonsillitis), voorhoofdsholteontsteking (sinusitis), oorpijn, keelpijn, schorheid, strottenhoofdontsteking (laryngitis), zweertjes in de mond en een koortslip. Een amechtige, kroepachtige hoest of borsthoest die zich kan ontwikkelen tot verkoudheid of griep wordt eveneens door calciumsulfide verlicht. Dit middel helpt mensen wier lichaam, als ze ziek zijn, onaangenaam zuur ruikende stoffen afscheidt. Tijdens de ziekte zijn patiënten die er baat bij hebben prikkelbaar, moeilijk te behagen en makkelijk te beledigen. Het zijn lastige patiënten die onredelijke eisen stellen en een hekel hebben aan lawaai en aan koude lucht, en die boos worden als ze worden gestoord of aangeraakt. De symptomen verergeren bij kou, bij het uitkleden in de winter en bij aanraking. Ze verminderen door warmte, warme kompressen, door het hoofd bedekt te houden en door te eten.

Mensen die gevoelig zijn voor calciumsulfide hebben vaak last van overgewicht, zijn lethargisch, hebben een bleke huid en lijden vaak aan somberheid. Ze hebben het gevoel dat het leven voor hen niet makkelijk is en voelen de symptomen van ziekte en pijn heel acuut. Van buiten gezien lijken ze vaak kalm, maar ze kunnen zorgelijk en rusteloos zijn.

Hypericum perforatum
Hypericum, sint-janskruid
Een winterharde, kruidachtige plant die inheems is in Engeland,

op het vasteland van Europa en in Azië, en die over de hele wereld wordt gekweekt. Hij wordt zo'n dertig centimeter tot een meter hoog, heeft langgerekte, ovale donkergroene bladeren die overdekt lijken met piepkleine vlekjes of gaatjes (vandaar *perforatum*, oftewel geperforeerd). In feite zijn dit minuscule kliertjes die een helderrode, olieachtige vloeistof afscheiden. De plant bloeit in juni, juli en augustus met gele bloemen, die aan de randen van de bloemblaadjes van zwarte stipjes zijn voorzien. De gekneusde bloemen leveren een bloedrood gekleurd sap op dat vroeger werd gebruikt om open wonden te behandelen. Men geloofde tevens dat de plant als die werd opgehangen kwade geesten zou weren (de naam *Hypericum* stamt uit het Grieks en betekent 'spookachtig'). Met de naam sint-janskruid houden twee verhalen verband. Het ene verhaal legt een relatie met 29 augustus: de dag waarop de heilige Johannes de Doper zou zijn geëxecuteerd. Volgens de andere theorie is de plant vernoemd naar een oude ridderorde uit de tijd van de kruisvaders, de ridders van Sint Johannes van Jeruzalem.

In de homeopathie worden voor de vervaardiging van de oertinctuur de hele verse groene plant en de bloemen gebruikt. Het middel wordt voornamelijk toegepast om letsel aan de zenuwen en zenuwpijn ten gevolge van verwondingen te behandelen. Het gaat dan vooral om vlijmende, stekende pijnen die zich naar boven toe verspreiden. Het middel wordt aanbevolen voor lichaamsdelen waarin vele zenuwuiteinden zijn geconcentreerd, zoals in de vingers en tenen. Het is effectief op de plek waar de pijn verband houdt met de zenuwen in de rug en de ruggengraat, bij hersenschuddingen en bij verwondingen aan het hoofd of oog. Tevens is het een middel om kneuzingen, wonden en rijtwonden te behandelen die gepaard gaan met stekende pijn, wat wijst op zenuwletsel. Hypericum biedt verlichting bij beten, steken, splinters en wondpijn waarbij de huid is doorboord, bij kiespijn en pijn na het trekken van een tand of kies. Bovendien is het een remedie voor astma en sommige spijsverteringsklachten, zoals indigestie, misselijkheid en diarree. Sint-janskruid kan verlichting bieden bij aambeien en menstruatieklachten die gepaard gaan met hoofdpijn.

De symptomen verergeren bij koud, vochtig of mistig weer, voorafgaand aan een storm en wanneer de patiënt het koud krijgt nadat hij zich heeft uitgekleed, evenals bij aanraken en in benauwde ruimten. Ze verminderen wanneer de patiënt stil blijft zitten en zijn hoofd achterover houdt.

Ignatia amara

Ignatia; ignatiusboon

Ignatia amara is een grote boom die inheems is op de Filippijnen, in China en in Oost-Indië. De boom heeft vele takken, kronkelende stammen en bloeit met witte bloemen op een bloemstengel. Later vormen zich zaadpeulen, die elk zo'n tien tot twintig grote ovale zaden bevatten van ongeveer 2,5 cm lang. De zaden zijn ingebed in vruchtvlees. Ze zijn uiterst giftig en bevatten strychnine, dat het centraal zenuwstelsel aantast. Vergelijkbare stoffen en eigenschappen worden bij de braaknoot aangetroffen (NUX VOMICA). De boom is vernoemd naar de stichter van de jezuïeten, Ignatius de Loyola (1491-1556). Spaanse priesters van deze orde brachten aan het begin van de zeventiende eeuw de zaden naar Europa.

Het homeopathische middel wordt vervaardigd van verpulverde zaden en voornamelijk voor emotionele symptomen aangewend. Denk daarbij aan verdriet, bij het overlijden van een dierbare, shock en verlies, vooral wanneer de patiënt er moeite mee heeft in het reine te komen met zijn of haar gevoelens en de neiging heeft natuurlijke reacties te onderdrukken. Bijkomende symptomen zijn onder andere slapeloosheid, woede en hysterie. Het middel helpt ook tegen emotionele en psychische problemen die hierop lijken, zoals tobberigheid en angst, vooral angst om in andermans ogen onbeschaamd te lijken. Het helpt tevens als de patiënt last heeft van huilbuien, zelftwijfel, zelfmedelijden en schuldgevoelens, en ook als hij of zij lijdt aan somberheid. Nerveuze spanningshoofdpijn en spijsverteringsstoornissen, koortsverschijnselen, rillingen en pijnen in het onderlichaam kunnen door ignatia worden verholpen. Bepaalde menstruatieklachten, zoals felle pijn of het uitblijven van de menstruatie, kunnen met dit middel worden tegengegaan. De symptomen verergeren bij koud weer en onder koude omstandigheden, bij emotioneel trauma, bij aanraking, roken en koffiedrinken. Ze verminderen door warmte, beweging, eten, liggen op de zij of op de plek die pijnlijk is, en na het urineren.

Ignatia is vooral voor vrouwen geschikt, die een neiging tot scherpe zelfkritiek en schuldgevoelens hebben. Meestal gaat het om creatieve vrouwen die erg sensitief zijn, maar de neiging hebben hun emoties te onderdrukken. De ignatiavrouw is opmerkzaam en intelligent, maar geneigd tot hysterie en plotseling optredende stemmingswisselingen. Ze verwacht veel van degenen van wie ze houdt. Ze eet graag zuivelproducten, brood en zuur voedsel, terwijl door zoetigheid, alcoholische dranken en fruit haar spijsvertering van slag raakt. Ze is bang voor mensenmassa's, neigt tot claustrofobie en vreest te worden beroofd. Ze is tevens bang emotioneel gekwetst te worden en is erg gevoelig voor pijn. Meestal heeft de ignatiavrouw donker haar, is ze tenger gebouwd en heeft ze een bezorgde gezichtsuitdrukking. Ze zucht en geeuwt veelvuldig en knippert erg vaak met haar ogen.

Ipacacuanha

Ipecac.; *Cephaelis ipecacuanha, Psychotria ipecacuanha*, ipecacuanhawortel, braakwortel

Deze plant is inheems in Zuid-Amerika, met name in Brazilië, Colombia en Panama. De plant bevat de alkaloïden emetine en cefaline, waarvan de hoeveelheden per variëteit verschillen. De wortel is het deel dat in de homeopathie wordt gebruikt, en de homeopathische geneesmiddelen kunnen diverse vormen hebben.

Het middel wordt gebruikt om klachten te behandelen waarbij aanhoudende en hardnekkige misselijkheid en braken optreden, zoals bij wagenziekte en ochtendmisselijkheid. Tevens wordt het toegepast tegen bronchitis, ademtekort vanwege vocht in de longen, kinkhoest en hartfalen. De symptomen verergeren bij koud weer, als de patiënt gaat liggen en na een maaltijd met varkens- of kalfsvlees. Ze verminderen in de frisse buitenlucht en door te rusten met gesloten ogen.

Kalium bichromicum

Kali bich.; kaliumdichromaat, kaliumbichromaat
Deze stof wordt op diverse wijzen in de industrie toegepast (bij de fabricage van verfstoffen en batterijen), maar wordt ook voor medicinale doeleinden aangewend. De kristallen van kaliumdichromaat zijn feloranje en het resultaat van een chemische reactie waarbij een oplossing van kaliumchromaat aan een zuur wordt toegevoegd.

Het middel wordt gebruikt bij slijmafscheiding en aandoeningen van de slijmvliezen, vooral die van de vagina, geslachtsorganen en urinewegen, de keel, neus en maag. Het middel is nuttig bij neusverkoudheid en voorhoofdsholteontsteking (sinusitis), bij een gevoel van volheid en druk, hoofdpijn, migraine en een loopoor. Tevens bij aandoeningen van de gewrichten en bij reumatische klachten die gepaard gaan met her en der optredende pijn of pijn die na een poosje weer overgaat.

Mensen die baat hebben bij dit middel zijn erg gevoelig voor kou en rillen als ze ziek zijn, maar ze ervaren ook een verergering van de symptomen bij warmte en zonneschijn. Het zijn vaak mensen die sterk hechten aan een vaste routine, ietwat rigide zijn en weinig flexibel. Ze willen graag dat alles tot in detail op ordelijke wijze verloopt en hechten aan regels en moraal. De symptomen verergeren in de zomer en ook bij vocht en kilte. Ze zijn tussen drie en vijf uur 's ochtends op hun ergst en ook vlak na het ontwaken. Alcohol en kou bij het uitkleden maken de symptomen sterker voelbaar. Ze verminderen bij beweging en na het nuttigen van een maaltijd. Maar ook bij warmte en hitte (maar geen hete zon) zijn er verbeteringen waar te nemen, en nadat de patiënt heeft gebraakt.

Kalium iodatum

Kali iod.; *Kali hydroidicum*, kaliumjodide; joodkali
Deze stof ontstaat door een chemische reactie van kaliumhydroxide en jodium en is een oud middel tegen syfilis. Het wordt aanbevolen om kaliumjodide toe te voegen aan concentraten voor diervoeders en aan tafelzout om een jodiumtekort te vermijden.

Het homeopathische middel wordt gebruikt tegen verkoudheid bij mensen die snel last krijgen van hun borst. Het is tevens werkzaam tegen opgezette klieren, keelpijn, voorhoofdsholteontsteking (sinusitis), hooikoorts en griepachtige infecties. Ook prostaataandoeningen bij mannen worden ermee behandeld. De symptomen verminderen als de patiënt beweging neemt en de frisse lucht in gaat. Ze verslechteren bij warmte en aanraking en zijn tussen twee en vijf uur in de vroege ochtend het sterkst voelbaar.

Mensen die gevoelig zijn voor dit middel zijn vaak dogmatisch ingesteld; ze hebben een duidelijke mening over bepaalde onderwerpen. Ze kunnen prikkelbaar zijn of humeurig en ze zijn niet altijd even makkelijk in de omgang. Ze geven de voorkeur aan koud weer.

Kalium phosphoricum
Kali phos.; kaliumfosfaat

Dit middel is een van de biochemische zouten van Schussler (zie WOORDENLIJST) en wordt verkregen door een chemische reactie van verdund fosforzuur en een oplossing van kaliumcarbonaat. Kaliumcarbonaat is afkomstig van kaliumzout (potas): het witte poeder dat overblijft als hout geheel is verbrand. Kalium is een essentiële stof in het lichaam, dat gezond functionerend zenuwweefsel in stand houdt.

Kaliumfosfaat wordt gebruikt ter behandeling van geestelijke en lichamelijke uitputting en somberheid, vooral bij jongeren bij wie de klachten kunnen zijn ontstaan door te hard werken of te hard studeren. Begeleidende symptomen zijn onder andere opspringen bij lawaai of gestoord worden en een verlangen om alleen te zijn. Tevens kan sprake zijn van een pusbevattende afscheiding uit de blaas, vagina, darmen of longen, en van een uitzonderlijk moe gevoel in de spieren. De patiënt kan lijden aan knagende hongerpijnen, tobberigheid, slapeloosheid en trillen, en hij of zij heeft de neiging bij opwinding of na het eten te zweten in het gezicht.

Mensen die goed op kaliumfosfaat reageren zijn meestal extravert, hebben duidelijke ideeën en zijn al snel uitgeput. Ze raken van slag door slecht nieuws, ook als dat henzelf niet direct aangaat, bijvoorbeeld als er sprake is van een ramp in een ander land. Ze kunnen hunkeren naar zoetigheid en lusten niet graag brood. De symptomen verergeren bij elke aanleiding tot bezorgdheid, bij koud en droog weer, in de winter, en na het consumeren van koude dranken. Ze verergeren tevens door lawaai, gesprekken, aanraking en lichamelijke activiteit. De symptomen verminderen bij warmte, lichte lichaamsbeweging, bij bewolkt weer en na het eten.

Lachesis

Trigonocephalus lachesis, Lachesis muta, gif van de bosmeesterslang of surukuku

Deze Zuid-Amerikaanse gifslang produceert een dodelijk gif dat onmiddellijk de dood tot gevolg kan hebben omdat het de werking van het hart aantast. Het gif verdunt het bloed, zodat het makkelijker vloeit, waardoor de kans op bloedingen wordt vergroot. Zelfs een lichte slangenbeet kan al sterk bloeden, waarbij het risico van bloedvergiftiging bestaat. De bosmeesterslang is een geduchte jager en zijn Afrikaanse naam *surukuku* geeft het geluid weer dat hij maakt wanneer hij achter zijn prooi aanjaagt. De eigenschappen van het gif werden in de negentiende eeuw onderzocht door de eminente Amerikaanse homeopaat dr. Constantine Hering. Hij testte en beproefde het middel op zichzelf.

Het is een effectieve remedie bij diverse klachten, vooral klachten die te maken hebben met de bloedcirculatie en het risico van bloedvergiftiging (septikemie). Het wordt gebruikt ter behandeling van spataderen en stoornissen van de bloedsomloop die gepaard gaan met een blauwachtige huid. Het middel kan mensen helpen met een zwak hart of angina, hartkloppingen en een onregelmatige of zwakke pols. Er kunnen borstpijn en ademhalingsstoornissen optreden. Het middel is van groot nut bij de behandeling van klachten met betrekking tot de baarmoeder, met name premenstruele congestie en pijn die overgaat zodra de menstruatie is begonnen. Het is ook een uitstekende remedie bij overgangsklachten, vooral opvliegers, en bij infecties van de blaas en het rectum. Lachesis wordt gebruikt bij klachten en infecties die voornamelijk aan de linkerkant van het lichaam optreden, zoals hoofdpijn of een beroerte. Tevens is het werkzaam tegen keelpijn en keelinfecties, ontstoken amandelen (tonsillitis), abcessen in de longen, steenpuisten, zweren, wonden die langzaam genezen, braken ten gevolge van blindedarmontsteking en spijsverterings-stoornissen, koortsen die gepaard gaan met rillingen, neusbloe-dingen en bloedende aambeien.

Het wordt gebruikt als middel tegen ernstige symptomen van mazelen en ernstige infecties zoals roodvonk en waterpokken. De symptomen verergeren bij aanraking, na het slapen en door het dragen van strakke kleding. Warme dranken en baden, bloot-stelling aan de hete zon of aan directe warmtebronnen van welke aard dan ook zijn eveneens nadelig. Bij vrouwen zijn de sympto-men in de menopauze het sterkst. Ze verminderen in de frisse lucht, door koele dranken te drinken en bij een normale uitschei-ding van afvalstoffen.

Mensen die gevoelig op lachesis reageren zijn vaak intelligent, creatief, intens en ambitieus. Ze hebben duidelijke meningen over politiek en de toestand in de wereld, en kunnen ongeduldig worden wanneer anderen hun visie ten beste geven. Ze kunnen vrij sterk op zichzelf gericht zijn, of bezitterig en jaloers, wat voor problemen kan zorgen in intieme relaties met anderen. Ze wor-den niet graag aan banden gelegd en tonen daardoor in relaties soms weinig betrokkenheid. Lachesis-mensen houden van in zuur ingelegd voedsel, van brood, rijst, oesters en alcoholische dranken. Ze drinken graag koffie, maar warme dranken en voed-sel op basis van tarwe brengen hen van streek. Ze hebben angst voor water, voor mensen die ze niet kennen, voor berovingen, voor de dood en voor verstikking. Lachesis-mensen kunnen wat last hebben van overgewicht en hebben soms rood haar en sproe-ten, of ze zijn slank en donkerharig, bleek van huid en energiek. Lachesis-kinderen kunnen jaloers en bezitterig zijn tegenover hun vriendjes en vriendinnetjes, wat kan leiden tot ondeugend of provocerend gedrag.

Ledum palustre
Ledum; moerasrozemarijn, wilde rozemarijn

Moerasrozemarijn is een groenblijver die groeit in de veengebieden en koele streken van het noorden van de Verenigde Staten, in Canada en in delen van Azië. In Noord-Europa komt deze heester vooral voor in Scandinavië en Ierland. De struik heeft langgerekte donkergroene blaadjes van 2,5 tot 5 cm lang, met een gladde en glanzende bovenkant en bruine wollige haartjes aan de onderkant. (*Ledum* is afgeleid van het Griekse *ledos*, dat 'wollig gewaad' betekent.) De blaadjes bevatten een vluchtige, aromatische olie die doet denken aan kamfer, en de plant is door Scandinaviërs eeuwenlang gebruikt als middel tegen insecten, motten en muizen. Moerasrozemarijn bloeit met fraaie witte bloemen en wordt gewaardeerd om zijn antiseptische eigenschappen.

De verse delen van de plant worden geoogst, gedroogd en vermalen tot een poeder dat in de homeopathie wordt gebruikt. Ledum is een nuttig middel bij noodgevallen. Het wordt inwendig gebruikt bij beten van dieren, insectensteken, rijtwonden en verwondingen waarbij sprake is van kneuzing en scherpe, stekende pijnen. Meestal gaat een en ander gepaard met infectie, roodheid, zwellingen en een kloppend gevoel, in combinatie met symptomen die zich bij koorts manifesteren, zoals rillen en huiveren. Tevens is ledum een remedie tegen jicht in de grote teen, reumatische pijnen in de voeten die naar boven toe uitstralen, warme en pijnlijke stijve gewrichten en pezen waarbij de huid echter koud is.

Mensen die baat hebben bij dit middel, hebben het als ze ziek zijn 's nachts vaak erg warm en transpireren dan, waarbij ze meestal het beddengoed van zich afwerpen. Ze hebben vaak last van jeuk op de huid van hun voeten en enkels, en hebben neiging hun enkels te verstuiken. Als ze ziek zijn, zijn ze prikkelbaar en moeilijk tevreden te stellen; of ze zijn teruggetrokken en stellen geen prijs op het gezelschap van anderen. De symptomen verergeren bij warmte of hitte, bij aanraken en 's nachts. Ze verminderen door koude kompressen op het pijnlijke lichaamsdeel en bij koelte.

Lycopodium clavatum
Lycopodium; grote wolfsklauw
Deze plant is te vinden op het hele noordelijke halfrond, zowel in hooggelegen moeraslanden als in de bossen en de bergen. De grote wolfsklauw krijgt sporendoosjes aan het uiteinde van de rechtopstaande gevorkte stengels waarin de sporen zitten. Er komt een geel stof of poeder uit dat waterafstotend is en ooit werd gebruikt als buitenlaag voor pillen en tabletten, om te voorkomen dat die aan elkaar bleven kleven. Het poeder werd tevens gebruikt als ingrediënt voor vuurwerk. Al eeuwenlang wordt wolfsklauw in de geneeskunde toegepast. In Arabische landen wordt het als middel tegen spijsverteringsstoornissen en nierstenen gebruikt en om jicht te behandelen. Het poeder en de sporen worden ge-oogst door de verse bloemstengels van de plant heen en weer te schudden.

In de homeopathie wordt het middel voornamelijk gebruikt bij aandoeningen van het spijsverteringsstelsel en de nieren. Het is werkzaam tegen indigestie, brandend maagzuur, de gevolgen van zwaar tafelen laat op de avond, misselijkheid, braken, winderigheid, een opgeblazen gevoel en constipatie. Bij mannen helpt het eveneens tegen nierstenen indien de patiënt een roodgekleurde urine met een zanderige bezinking afscheidt en een vergrote prostaatklier heeft. Wolfsklauw is ook een middel ter behandeling van sommige vormen van impotentie en van bloedende aambeien. Lycopodium werkt wanneer de klachten optreden aan de rechterkant van het lichaam en wanneer de patiënt hunkert naar zoet en troostrijk voedsel. Netelroos, psoriasis aan de handen, vermoeidheid door ziekte, ME (myalgische encefalomyelitis), bepaalde vormen van hoofdpijn, hoest en keelpijn kunnen door dit middel worden verholpen. Het wordt gebruikt om emotionele klachten zoals zorgelijkheid, angst en bange voorgevoelens tegen te gaan als de oorzaak ervan chronische onzekerheid is, of wanneer de klachten te maken hebben met ophanden zijnde gebeurtenissen of een optreden in het openbaar (plankenkoorts). Tegen nachtmerries, slapeloosheid, roepen of praten in de slaap en angstigheid vlak na het ontwaken is wolfsklauw eveneens een goed middel. De symptomen verergeren tussen vier en acht uur in de ochtend, bij te veel eten en in de lente. Ze verminderen in de frisse buitenlucht, na een warme maaltijd of een warme drank, wanneer de patiënt strakke kleding losser maakt, bij lichte lichaamsbeweging en in de nacht.

Mensen die goed op lycopodium reageren zijn serieus en intelligent, en zijn geneigd om hard te werken, vooral als ze een hoge functie bekleden. Ze lijken kordaat en vol zelfvertrouwen, maar zijn in werkelijkheid tamelijk onzeker en hebben zichzelf niet bijster hoog zitten. Ze hebben weinig geduld, wat ze zelf als een zwakte beschouwen, en ze zijn weinig tolerant of meelevend tegenover zieken. Wolfsklauwmensen zijn sociaal, maar kunnen afstandelijk en onbetrokken blijven; ze kunnen in seksueel opzicht promiscue zijn. Ze houden van allerlei soorten zoetigheid en van warm eten en drinken. Ze hebben algauw genoeg, maar blijven zonder daar aandacht aan te besteden dooreten. Meestal treden klachten op aan de rechterkant van hun lichaam. Lycopodium-typen zijn bang om alleen gelaten te worden en vrezen mislukking in het leven, evenals mensenmenigten, het donker en het bovennatuurlijke. Vaak hebben ze last van claustrofobie. Ze zijn veelal lang, slank en bleek, met een terugwijkende haargrens of haar dat vroegtijdig grijs wordt. Ze kunnen kaal zijn, met een voorhoofd vol zorgrimpels en een serieus uiterlijk. Hun spieren zijn in de regel zwak en voelen na lichamelijke oefening al snel vermoeid aan. Ze hebben de neiging hun aangezichtsspieren te bewegen en hun neusgaten open te sperren, zonder dat ze zich daarvan bewust zijn.

Mercurius solubilis
Merc. sol.; kwikzilver
Het mineraal mercuriussulfide (zwavelkwik, cinnaber, zinnober), dat wordt aangetroffen in vulkanisch kristallijn gesteente, is een belangrijk erts voor kwik en wordt voor diverse doeleinden gewonnen, zoals voor vullingen van tanden en kiezen en voor thermometers. Kwik is in grote doses giftig en iemand die een kwikvergiftiging heeft opgelopen, produceert grote hoeveelhe-

den speeksel en lijdt aan braakaanvallen. Kwik wordt al van oudsher in de geneeskunde gebruikt en diende ooit als medicijn tegen syfilis. Een poeder van neergeslagen kwik wordt verkregen door vloeibare kwik op te lossen in een verdunde oplossing van salpeterzuur.

Dit poeder vormt de basis van het middel dat in de homeopathie wordt gebruikt. Het wordt toegepast als remedie tegen aandoeningen waarbij sprake is van overvloedige afscheidingen uit het lichaam die vaak een onaangename geur verspreiden, met bijkomende symptomen van een warm of brandend gevoel en een grote gevoeligheid voor temperatuur. Kwikzilver dient als remedie tegen koortsen waarbij de patiënt veel onaangenaam ruikend transpiratievocht produceert, tegen slechte adem, ontsteking van het tandvlees, aften, candidiasis (een schimmelinfectie) in de mond, ontstoken en pijnlijke tanden en tandvlees en overmatige speekselproductie. Tevens helpt het tegen een ontstoken en pijnlijke keel, ontstoken amandelen (tonsillitis), de bof, oorontsteking die gepaard gaat met afscheiding uit het oor, zware en drukkende hoofdpijn en pijnlijke gewrichten. Het is een goed middel tegen oogaandoeningen, zoals ernstige bindvliesontsteking (conjunctivitis), tegen allergische aandoeningen die gepaard gaan met een loopneus, huidaandoeningen waarbij zich met pus gevulde puistjes vormen, uitslag en zweren, inclusief zweren aan de benen ten gevolge van doorbloedingsstoornissen. De symptomen verergeren bij extreme hitte of kou en ook bij nat en snel veranderend weer. Ze zijn 's nachts het sterkst voelbaar en wanneer de patiënt transpireert en het in bed te warm heeft. De symptomen verminderen wanneer de patiënt rust neemt en zich ergens bevindt waar de temperatuur aangenaam is, zonder dat hij het te warm of te koud heeft.

Mensen die gevoelig zijn voor kwikzilver zijn vaak erg onzeker, hoewel ze van buiten kalm lijken. Ze zijn op hun hoede en gereserveerd tegenover andere mensen en denken eerst na voor ze iets zeggen, zodat hun conversatie wat geforceerd kan lijken. Kwikzilvertypen houden niet van kritiek in welke vorm dan ook en kunnen ineens kwaad worden als iemand het niet met hun standpunt eens is. Ze zijn veelal introvert, maar hun diepste gedachten kunnen verward zijn. Ze hebben veel eetlust en houden van brood en boter, melk en andere koude dranken, maar niet van alcohol (behalve bier). Meestal eten ze geen vlees en houden ze niet van zoetigheid. Ze lusten geen koffie en zout. Kwikzilvermensen zijn vaak blond en hebben een delicate huid zonder rimpels en plooien. Ze komen afstandelijk over. Ze zijn bang voor de dood en voor psychische aandoeningen die tot krankzinnigheid kunnen leiden. Bovendien maken ze zich zorgen om de gezondheid van hun familie. Ze vrezen berovingen en zijn bang voor onweer.

Natrum muriaticum

Natrum mur.; keukenzout, natriumchloride
Zout wordt al heel lang geroemd om zijn smaakgevende en conserverende eigenschappen. Ooit was zout zo waardevol dat het werd gebruikt om Romeinse soldaten te betalen (ons woord 'salaris' stamt af van het Latijnse *salarium*, dat op deze praktijk betrekking heeft). Natrium en chloor zijn essentiële chemische stoffen in het lichaam, die nodig zijn voor veel stofwisselingsprocessen, vooral voor het goed functioneren van het zenuwweefsel. In feite hoeft zout zelden of nooit aan voedsel te worden toegevoegd, omdat het in een evenwichtige voeding reeds van nature in voldoende hoeveelheid aanwezig is. (Het is iets anders wanneer mensen lichamelijk zwaar werk doen in een warm klimaat en door transpiratie veel zout verliezen.) Maar mensen – en veel andere zoogdieren – zijn vaak erg op zout gesteld. Als de zout-waterbalans in het lichaam verstoord raakt, wordt een mens snel zwaar ziek en kan hij zelfs overlijden.

Vroeger werd zout meestal gewonnen door zeewater te koken, maar het wordt ook verkregen door natuurlijke verdamping van het water aan de ondiepe oevers van zoutmeren, die afzetting van rotszout oplevert. Rotszout is de meest voorkomende basis van tafelzout en wordt ook als grondstof in de homeopathie gebruikt. Dit middel werkt in op het functioneren van de nieren en op de zout-waterbalans van lichaamsvloeistoffen. Het wordt zowel bij lichamelijke als bij geestelijke klachten toegepast. Emotionele symptomen die met natriumchloride kunnen worden verholpen, zijn gevoeligheid en prikkelbaarheid, huilneigingen, diepe somberheid, onderdrukt verdriet en premenstruele spanningen.

Lichamelijke aandoeningen die goed op dit middel reageren hebben vaak te maken met een dunne, waterige uitscheiding van slijm en stoornissen waarbij de symptomen verergeren door hitte. Vandaar dat zout wordt gebruikt bij verkoudheid die gepaard gaat met een loopneus of andere typische bijverschijnselen. Tevens wordt het toegepast voor bepaalde klachten die verband houden met de menstruatie en vagina, voor hoofdpijn en migraine, koortslip, candidiasis (een schimmelinfectie) in de mond, aften, ontstoken en rood tandvlees en slechte adem. Sommige huidaandoeningen kunnen ook met natriumchloride worden tegengegaan, zoals verruca (wratjes op de voeten), wratten, puistjes, steenpuisten en gesprongen en droge lippen. Het middel kan worden toegepast als de patiënt vocht vasthoudt met als gevolg een dik gezicht, dikke oogleden, een opgezet onderlichaam en dergelijke, bij urineretentie, constipatie, scheurtjes bij de anus, indigestie, bloedarmoede en schildklieraandoeningen (krop).

Mensen die baat hebben bij dit middel zijn als ze ziek zijn vaak koud en rillerig, maar hun symptomen verergeren door hitte, of worden daar zelfs door veroorzaakt. Hitte, of die nu afkomstig is van de zon, een vuurhaard of een warme, benauwde kamer, maakt de symptomen sterker voelbaar, wat ook geldt voor kou en onweersachtig weer. Ze zijn op hun ergst als de patiënt zich aan een winderige kust bevindt en in de ochtend tussen negen en elf uur. Al te veel lichamelijke activiteit en medeleven van anderen maken de symptomen erger. Ze verminderen in de frisse buitenlucht, bij koude kompressen, een koud bad of een koude duik. Tevens zijn slapen op een hard bed, transpireren en vasten heilzaam.

Mensen die goed reageren op natriumchloride zijn vaak uiterst gevoelige vrouwen, die serieus, intelligent en betrouwbaar zijn. Ze hebben hoge idealen en voelen de dingen erg diep. Ze zijn gauw gekwetst en geringschattende opmerkingen of kritiek raken hen zeer. Ze hebben behoefte aan het gezelschap van anderen, maar omdat ze zo sensitief zijn gaan ze die anderen veelal uit de weg om te voorkomen dat ze worden gekwetst. Ze zijn bang voor geestesziekten die tot verlies van zelfbeheersing en krankzinnigheid kunnen leiden, en voor de dood. Eveneens vrezen ze het donker, mislukking in hun werk, mensenmassa's en berovingen. Ze hebben een neiging tot claustrofobie. Ze maken zich zorgen om te laat te komen en zijn bang voor donder en bliksem. Ze zijn introvert en erg gevoelig voor muziek, die hen tot tranen toe kan roeren. Meestal hebben ze een gedrongen, stevige bouw en donker of rossig haar. Ze lopen snel rood aan en hebben vaak waterige ogen, alsof ze hebben gehuild. Hun onderlip kan gebarsten zijn. Hun gezicht lijkt soms wat gezwollen te zijn en te glimmen, en kan een stoïcijnse uitdrukking hebben.

Nux vomica
Strychnos nux vomica; braaknoot
De *Strychnos nux vomica*-boom is inheems in India, maar groeit ook in Birma (Myanmar), Thailand, China en Australië. Hij bloeit met groenwitte bloemen en vormt later appelgrote vruchten, die platte, ronde en lichtgekleurde zaadjes bevatten. Deze zijn overdekt met fijne haartjes. De zaden, bast en bladeren zijn uiterst giftig. Ze bevatten strychnine en worden al eeuwenlang in de geneeskunde gebruikt. In de Middeleeuwen dienden de zaden als middel tegen pest. Strychnine kan het zenuwstelsel ernstig aantasten, maar in kleine hoeveelheden bevordert de stof de uitscheiding van urine en stimuleert de spijsvertering. Voor het homeopathische middel worden de zaden gereinigd en gedroogd.

Nux vomica wordt toegepast ter verlichting van diverse spijsverteringsklachten, zoals krampen, koliekachtige pijnen in het onderlichaam, indigestie, misselijkheid en braken, diarree en constipatie. Ook indigestie of maagpijn die wordt veroorzaakt door een overmaat aan alcohol of vet voedsel kunnen ermee worden behandeld, en aambeien die tot pijnlijke samentrekkingen van het rectum leiden. Soms worden dergelijke klachten veroorzaakt door een neiging emoties op te kroppen, met name woede.

Nux vomica is een remedie tegen prikkelbaarheid, hoofdpijn en migraine, verkoudheid, hoest en griepachtige symptomen, zoals koorts, pijn in botten en spieren, rillen en huiveren. Het is een nuttig middel voor vrouwen die last hebben van een zware en pijnlijke menstruatie, waarbij sommigen ook flauwvallen, en is tevens werkzaam bij ochtendmisselijkheid tijdens de zwangerschap en pijn bij de bevalling. In gevallen waarin de patiënt vaak moet plassen en bij blaasontsteking kan het ook zeer doeltreffend zijn.

Het type mens dat baat heeft bij dit middel staat vaak onder druk en de symptomen kunnen met grote regelmaat terugkeren. De patiënt kan snel last krijgen van indigestie en brandend maagzuur, van gastritis (ontstoken maagslijmvlies) en een maagzweer, evenals van aambeien. Hij of zij kropt veel emoties op, maar heeft een hartstochtelijke natuur en kan plotseling in woede ontsteken. Nux vomica-mensen zijn erg ambitieus en competitief ingesteld. Ze stellen zichzelf en anderen hoge eisen en eisen perfectie in alle opzichten. Ze houden van uitdagingen en gebruiken hun vernuft om anderen één stap voor te blijven. Vaak zijn het managers, directeuren van bedrijven of wetenschappers: mensen die aan de top staan in hun vakgebied. Ze zijn als ze ziek zijn niet erg makkelijk in de omgang en zijn dan erg prikkelbaar. Bovendien verdragen ze kritiek van anderen slecht. Het nux-vomicatype is bang in zijn werk te falen en vreest drukke openbare plaatsen, of heeft daar een afkeer van. Hij of zij is bang voor de dood. Dit type houdt van smakelijk vet, dikmakend voedsel met veel cholesterol en ook van pittig eten, alcohol en koffie, hoewel die de spijsvertering ontregelen.

De symptomen verergeren bij koud, winderig en droog weer, 's winters en tussen drie en vier uur in de ochtend. Bepaalde geluiden, muziek, fel licht, aanraking, eten (vooral pittige gerechten) en geestelijke overbelasting maken ze eveneens sterker voelbaar. Nux vomica-mensen zien er meestal serieus en gespannen uit, zijn mager en hebben een zorgelijke gelaatsuitdrukking. Ze hebben een vaalgele huid en onder hun ogen zitten soms donkere kringen.

Phosphorus

Phos.; witte fosfor

Fosfor is een essentieel mineraal in het lichaam dat voorkomt in het genetisch materiaal DNA, de botten en het gebit. Witte fosfor is zeer brandbaar en giftig en werd ooit gebruikt bij de fabricage van lucifers en vuurwerk. Aangezien het spontaan in brand kan vliegen als er lucht bij komt, wordt het onder water bewaard. In het verleden werd fosfor tegen allerlei kwalen en infectieziekten aangewend, zoals mazelen.

In de homeopathie wordt het middel toegepast bij nerveuze spanningen door stress en zorgen, die gepaard gaan met symptomen als slapeloosheid, uitputting en ontregeling van de spijsvertering. Vaak is er sprake van brandende pijnen in de borst of het onderlichaam. Het is een middel tegen braken en misselijkheid, brandend maagzuur, maagzweren en buikgriep (gastro-enteritis). Het wordt tevens gebruikt bij bloedingen, zoals bij kleine verwondingen, van het tandvlees, bloedingen van de neus en overvloedige bloedingen tijdens de menstruatie. Zware hoest die vergezeld kan gaan van kokhalzen, braken en de productie van bloederig slijm kan met witte fosfor worden behandeld. Dit geldt ook voor sommige andere ernstige klachten van het ademhalingsstelsel, zoals longontsteking, bronchitis, astma en strottenhoofdontsteking (laryngitis). Zweertjes aan het oog die de neiging hebben terug te keren (strontje, stijg) en een slechte doorbloeding kunnen met fosfor worden tegengegaan. De symptomen verergeren in de avond en ochtend en voor onweer, evenals bij te veel lichamelijke activiteit, warm eten en drinken en liggen op de linkerzij. Ze verminderen in de frisse buitenlucht en door op de rug of de rechterzij te gaan liggen. Ze nemen af na slaap of wanneer de patiënt wordt aangeraakt of gestreeld.

Mensen die behoefte hebben aan witte fosfor zijn als ze ziek zijn niet graag alleen en knappen op als ze door anderen met de nodige aandacht worden verzorgd. Het zijn hartelijke en vriendelijke mensen, die erg creatief en artistiek zijn en verbeeldingskracht bezitten. Ze genieten van het gezelschap van anderen en hebben stimulansen nodig om hun ideeën van de grond te krijgen. Witte-fosformensen hebben een optimistische kijk op het leven en zijn erg enthousiast, maar soms beloven ze te veel en doen ze te weinig. Ze zijn erg lichamelijk en worden graag aangeraakt of gestreeld. Als ze zich niet lekker voelen, vinden ze medeleven van anderen bijzonder prettig. Ze genieten van diverse soorten voedsel, maar hun spijsvertering is snel van slag. Witte-fosformensen zijn meestal lang en slank, donker of blond, en hebben een aantrekkelijk, open uiterlijk. Ze dragen graag kleurige kleding en zijn in de regel populair. Ze zijn bang voor ziekte, vooral voor kanker, voor de dood en ook voor het donker en bovennatuurlijke krachten. Water boezemt hen vrees in en faalangst in hun werk is hen niet vreemd. Onweer maakt hen nerveus.

Pulsatilla nigricans

Pulsatilla, *Anemone pratensis*, wildemanskruid, veldanemoon
Deze fraaie plant lijkt veel op *Anemone pulsatilla*, de paarse anemoon, die in de kruidengeneeskunde wordt gebruikt maar kleinere bloemen heeft. *Anemone pratensis* is inheems in Duitsland, Denemarken en Scandinavië en wordt al honderden jaren voor geneeskundige toepassingen gebruikt. De plant bloeit met schitterende, donkerpaarse bloemen met een oranje hart; zowel de bladeren als de bloemen zijn bedekt met fijne, zijdeachtige haartjes. De hele verse plant wordt geoogst en tot pulp vermalen. Aan deze pulp wordt een vloeistof onttrokken die dient ter bereiding van het homeopathische medicijn. Dat wordt aangewend om uiteenlopende aandoeningen te behandelen die zowel met lichamelijke als met geestelijke symptomen gepaard gaan.

Het middel wordt toegepast wanneer de patiënt een groengele substantie uitscheidt. Vandaar dat men het voorschrijft bij verkoudheid, hoest en voorhoofdsholteontsteking (sinusitis) waarbij veel slijm wordt afgescheiden. Ook ooginfecties die gepaard gaan met de vorming van strontjes en bindvliesontsteking (conjunctivitis) worden ermee behandeld. Spijsverteringsstoornissen kunnen ermee worden tegengegaan, vooral indigestie, brandend maagzuur, misselijkheid en braken door te vet of overmatig eten. Het middel is werkzaam tegen vrouwenkwalen waarbij diverse lichamelijke en geestelijke symptomen kunnen optreden – denk hierbij aan premenstruele spanningen, menstruatieproblemen, overgangsklachten en blaasontsteking, met bijkomende verschijnselen als stemmingswisselingen, somberheid en huilerigheid. Het is een remedie tegen hoofdpijn en migraine, opgezette klieren, ontsteking en pijn in de botten en gewrichten, zoals bij reumatische aandoeningen en artritis, bij neusbloedingen, spataderen, de bof, mazelen en kiespijn. En het kan helpen tegen vaak moeten plassen en incontinentie.

De symptomen verergeren in de nacht of wanneer het warm is, en na het eten van zwaar, overdadig voedsel. Ze verminderen in de frisse, koele buitenlucht en bij lichte lichaamsbeweging zoals wandelen. De patiënt voelt zich beter als hij heeft gehuild en door anderen met medeleven wordt behandeld.

Pulsatilla-mensen zijn meestal vrouwen met een vriendelijk, meegaand en wat passief karakter. Ze zijn zachtaardig en liefdevol. Als anderen iets overkomt, zijn ze al snel tot tranen toe geroerd, en ze houden evenveel van dieren als van mensen. Een pulsatilla-type zegt gauw ja op een verzoek van anderen en is een vredestichter die liefst geen scènes maakt. Woede-uitbarstingen passen helemaal niet bij zo iemand en meestal heeft dit type veel vrienden. Deze mensen houden van zoet voedsel, hoewel hun spijsvertering daardoor van slag kan raken, en hebben een afkeer van pittige gerechten. Ze zijn soms bang voor het donker, voor alleen gelaten worden, voor de dood en voor ziekte die tot krankzinnigheid kan leiden. Ze zijn niet graag in de buurt bij mensenmassa's, willen niets weten van het bovennatuurlijke en hebben een neiging tot claustrofobie. Meestal zijn ze blond en blauwogig, met een delicate huid die snel bloost. Ze zien er leuk uit, hoewel ze een tikje aan de zware kant kunnen zijn.

Rhus toxicodendron
Rhus tox.; *Rhus radicans*, gifsumac, azijnboom
Deze grote struik of kleine boom is een inheemse soort die wordt aangetroffen in de Verenigde Staten en Canada. Wanneer de bla-

61

deren worden aangeraakt leidt dit tot grote irritatie: er ontstaat een roodachtige en pijnlijke uitslag, de huid zet op en gaat zweren. Vaak voelt de persoon in kwestie zich niet lekker en heeft hij last van opgezette klieren, hoofdpijn, koortsigheid en gebrek aan eetlust. De plant bloeit in juni met witte bloemen met een groen of geel waas, waarna er groepjes bessen verschijnen. Voor de bereiding van het homeopathische middel worden de verse bladeren geoogst en tot pulp vermalen.

Het wordt voornamelijk gebruikt om huiduitslag te behandelen en kwetsuren te verhelpen waarbij sprake is van een droge, schilferende of blaarvormende huid. Tevens kan het helpen bij reuma, ischias, lendenpijn (lumbago), jicht, synovitis (ontsteking van de synoviale vliezen om de gewrichten), osteoartritis en verrekkingen van gewrichtsbanden en pezen. Symptomen die worden veroorzaakt door virusinfecties en gepaard gaan met koorts, zoals hoge koorts, rillen en huiveren, opgezette en waterige ogen, pijn in de gewrichten, misselijkheid en braken kunnen eveneens door gifsumac worden tegengegaan. Bepaalde menstruatieproblemen, zoals zware bloedingen en pijn in het onderlichaam die minder wordt door te gaan liggen, kunnen door het middel verlicht worden.

Mensen die er goed op reageren voelen zich als ze ziek zijn vaak somber en ellendig. Ze zijn huilerig en erg gevoelig voor koud en vochtig weer. Meestal hebben ze een droog, irritant hoestje; ze hebben grote dorst en zijn prikkelbaar, tobberig en rusteloos. De symptomen verergeren bij stormachtig, nat en winderig weer, evenals 's nachts en wanneer de patiënt na een periode van rust weer in beweging komt, of het koud krijgt na zich te hebben uitgekleed. Warme, droge omstandigheden en lichte lichaamsbeweging verminderen de symptomen of doen ze afnemen. Gifsumacmensen kunnen in gezelschap aanvankelijk verlegen zijn, maar als ze loskomen maken deze charmante, onderhoudende en levendige typen makkelijk vrienden. Ze zijn meestal consciëntieus, zeer gemotiveerd en serieus waar het om hun werk gaat. Niet zelden zijn het workaholics. Gifsumactypen zijn in hun hart vaak rusteloos en worden somber en humeurig wanneer ze ziek worden. Ze kunnen kleine, dwangmatige rituelen uitvoeren om te blijven functioneren.

Ruta graveolens

Ruta grav.; wijnruit, stuipenblad

Deze winterharde groene plant is inheems in Zuid-Europa, maar wordt ook daarbuiten alom gekweekt. Hij gedijt op een schrale, droge bodem in de halfschaduw. Er verschijnen geelgroene bloemen aan. De hele plant heeft een opvallende scherpe en onaangename geur en werd ooit gebruikt als middel tegen insecten en ongedierte, en om infecties te bestrijden. Al eeuwenlang wordt wijnruit toegepast om zijn geneeskrachtige eigenschappen. Er zijn zowel kwalen bij mensen als bij dieren mee te behandelen (vroeger werd het gebruikt als middel tegen de pest). Men geloofde dat de plant zou beschermen tegen hekserij en Hippocrates raadde hem aan als een tegengif bij vergiftiging. Wijnruit zou een weldadige uitwerking hebben op de ogen en werd door grote kunstenaars als Michelangelo gebruikt om de blik scherp te houden. In de katholieke hoogmis werden ooit 'kwasten' van wijnruit toegepast om het wijwater rond te sprenkelen. Als wijnruit in grote doses wordt ingenomen, heeft het toxische effecten, zoals braken, een gezwollen tong, stuipen en delirium.

Het homeopathische middel wordt bereid uit het sap van de groene delen van de plant voordat de bloemen opengaan. Het wordt vooral aanbevolen bij aandoeningen en verwondingen van de botten en gewrichten en als pezen, gewrichtsbanden en spieren zijn aangedaan in combinatie met ernstige, diepe, scheurende pijn. Vandaar dat het werd toegepast ter behandeling van synovitis (ontsteking van de synoviale vliezen om de gewrichten), reuma, verstuikingen, kneuzingen, breuken en ontwrichtingen, en ook ischias. Bovendien is het een nuttig middel tegen oogaandoeningen waarbij de ogen vermoeid, pijnlijk, rood en ontstoken zijn en waarbij hoofdpijn optreedt. Borstklachten kunnen door wijnruit worden verlicht, vooral pijnlijke en diepe hoest, evenals sommige problemen die verband houden met het rectum, zoals een verzakking. Pijn aan en infectie van de wortelholte na het trekken van tanden of kiezen kunnen door wijnruit worden verholpen.

Wijnruitmensen voelen zich als ze ziek zijn vaak tobberig en somber. Ze zijn niet tevreden met zichzelf en met anderen. Meestal worden de symptomen erger bij koud, vochtig weer, wanneer de patiënt rust en ligt, en bij lichaamsbeweging buitenshuis. Ze verminderen door warmte en lichte beweging binnenshuis.

Sepia officinalis
Sepia; inkt van de inktvis

Inktvisinkt wordt al van oudsher gebruikt in de geneeskunde, maar ook door schilders als kleurstof voor hun verf. De inktvis bezit het vermogen van kleur te veranderen om niet op te vallen in zijn omgeving. Hij scheidt een zwartbruine wolk inkt af wanneer hij wordt bedreigd door roofdieren. Sepia was bekend bij Romeinse artsen, die de inkt gebruikten als middel tegen kaalheid. In de homeopathie wordt inktvisinkt voornamelijk toegepast als een werkzaam middel voor vrouwen met menstruatieproblemen en overgangsklachten. In 1834 werd het middel door Hahnemann onderzocht en beproefd.

Het wordt gebruikt bij premenstruele spanningen, menstruatiepijn en zware bloedingen, onregelmatige of uitblijvende menstruatie, overgangsklachten zoals opvliegers, en postnatale depressie. Lichamelijke en emotionele symptomen die worden veroorzaakt door een verstoorde hormoonbalans kunnen door sepia worden tegengegaan. Tevens kan het middel uitkomst bieden bij extreme vermoeidheid of uitputting die gepaard gaat met spier- en andere pijnen. Sepia kan helpen tegen spijsverteringsklachten, zoals misselijkheid en een onwel gevoel, buikpijn en winderigheid die worden veroorzaakt door het nuttigen van zuivelproducten, en hoofdpijn die gepaard gaat met duizeligheid en misselijkheid. Eveneens is het een remedie tegen incontinentie, warme en zweterige voeten, en verruca (wratten op de voet). Vrouwen ervaren vaak trekkende pijnen in het onderlichaam die veelal worden geassocieerd met een baarmoederverzakking. Wie last heeft van een verstoorde doorbloeding, met name spataderen en koude handen en voeten, kan baat hebben bij sepia.

De symptomen worden erger bij koud weer, vlak voor een onweersbui en in de namiddag, avond en vroeg in de ochtend. Bij vrouwen nemen de symptomen ook toe voorafgaand aan de menstruatie en als de persoon in kwestie medeleven van anderen krijgt. De symptomen verminderen door hitte en warmte, bij snelle en krachtige bewegingen, wanneer de patiënt veel te doen heeft en in de frisse buitenlucht komt.

Mensen die gevoelig zijn voor sepia zijn vaak, hoewel niet altijd, vrouwen. Ze zijn in de regel lang en slank, met een geelachtige huidskeur. Ze zijn nogal op zichzelf en staan onverschillig tegenover anderen. Sepiamensen worden snel kwaad, vooral op familieleden en goede vrienden, en ze kunnen wrok koesteren. In gezelschap doen ze hun best om gezellig over te komen en ze houden van dansen. Een vrouw kan ofwel een harde zakentante zijn, ofwel iemand die zich voortdurend niet opgewassen voelt tegen de omstandigheden, waarbij we dan vooral moeten denken aan het huishouden en gezin. Sepiamensen houden er duidelijke overtuigingen op na en verdragen het niet dat anderen anders over zaken kunnen denken. Als ze ziek zijn, willen ze niet dat daar drukte om wordt gemaakt of dat anderen zich om hen bekommeren. Ze houden zowel van zuur als van zoet eten en van alcohol, maar melkproducten en vet eten staan hen tegen. Ze zijn erg onzeker en bang om alleen gelaten te worden, voor ziekte die tot gekte leidt en voor verlies van hun materiële bezittingen en rijkdom. Een lichamelijk kenmerk is dat ze vaak een bruine vlek in de vorm van een zadel hebben over de brug van hun neus.

Silicea terra
Silicea; siliciumdioxide, kiezelzuur, kiezel
Silicium is een van de belangrijkste gesteentevormende mineralen en wordt tevens aangetroffen in levende wezens, waar het de functie heeft te zorgen voor kracht en veerkracht. In de homeopathie wordt het gebruikt om aandoeningen van de huid, nagels en botten te behandelen, evenals telkens terugkerende ontstekin-

gen en infecties die worden veroorzaakt doordat de persoon in kwestie niet in topconditie verkeert of niet goed eet. Bovendien worden bepaalde aandoeningen van het zenuwstelsel door silicea verlicht.

Het homeopathische middel werd vroeger gemaakt van gemalen vuursteen of kwarts, maar wordt tegenwoordig door middel van een chemische reactie verkregen. Het wordt toegepast bij infecties van de slijmvliezen, zoals bij verkoudheid, griep, voorhoofdsholteontsteking (sinusitis) en oorinfecties, zoals loopoor. Bovendien wordt het gebruikt bij ontstekingen waarbij pus ontstaat, zoals steenpuisten, karbonkels, abcessen, strontjes aan het oog, fijt (infectie van een vingernagel) en bij ontsteking van het rondom de amandelen gelegen bindweefsel (peritonsillair abces). Silicea helpt om een lichaamsvreemd voorwerp, zoals een splinter in de huid, uit het lichaam af te stoten. Het is een remedie tegen hoofdpijn die bij het achterhoofd begint en naar voren uitstraalt over het rechteroog heen, en tegen stressgerelateerde verschijnselen door overwerk of slapeloosheid.

De symptomen verergeren bij koud en nat weer, vooral wanneer de persoon in kwestie daar onvoldoende op gekleed is, bij tocht, zwemmen en baden, bij afkoelen na het uitkleden en in de ochtend. Ze verminderen bij warmte en hitte, in de zomer en door warme kleding, met name een hoofddeksel, en door niet op de linkerzij te gaan liggen.

Mensen die gevoelig op silicea reageren zijn vaak tenger en fijn gebouwd en hebben een bleke huid. Ze hebben vaak dun en steil haar. Ze hebben meestal een droge en gebarsten huid en gescheurde nagels. Bovendien zijn ze vatbaar voor huidaandoeningen. Silicea-mensen zijn meestal niet-aanmatigend. Ze hebben weinig zelfvertrouwen en hun lichamelijke uithoudingsvermogen is gering. Ze zijn consciëntieus en werken hard. Als ze eenmaal een taak op zich hebben genomen, dan kunnen ze zelfs té hard werken. Maar door hun gebrek aan zelfvertrouwen aarzelen ze geregeld om ergens ja op te zeggen, want ze dragen immers niet graag verantwoordelijkheid. Silicea-typen zijn netjes en kunnen obsessief zijn over details. Ze kunnen zich 'in een hoek gedrukt' voelen, maar hebben dan niet de moed hun mond open te doen. Verder kunnen ze zich afreageren op anderen die niet voor de situatie verantwoordelijk zijn. Ze vrezen mislukking en houden vanwege hun lichamelijke zwakte niet van veel lichaamsbeweging of sport. Ze voelen zich regelmatig uitgeput, zowel geestelijk als lichamelijk. Ze houden van koud voedsel en koude dranken.

Sulphur

Sulphur; zwavelbloem, zwavel, sulfer

Zwavel heeft wat medicinale toepassingen betreft een lange geschiedenis. Wanneer zwavel wordt verbrand, ontstaat er zwaveldioxide. Dit ruikt onaangenaam naar rotte eieren, maar kan worden gebruikt als desinfecteermiddel. In de Middeleeuwen deed men dat ook, om zo de verspreiding van infectieziekten tegen te gaan. Zwavel wordt afgezet aan de randen van warme bronnen en geisers en op plaatsen waar vulkanische activiteit is. Zwavelbloem, een felgeel poeder, wordt verkregen uit natuurlijke minerale afzetting en dient als basis voor het homeopathische middel.

Sulfer wordt van nature aangetroffen in lichaamsweefsel en wordt zowel in de reguliere geneeskunde als in de homeopathie gebruikt om huidaandoeningen te behandelen. Het is een werkzame remedie tegen huidontsteking (dermatitis), eczeem, psoriasis en een droge, schilferige, jeukende huid of schedel. Bepaalde spijsverteringsstoornissen kunnen er eveneens mee worden verholpen, vooral oprispingen en indigestie na het drinken van melk. Zwavel kan uitkomst bieden bij aambeien, premenstruele en overgangsklachten, oogontstekingen zoals bindvliesontsteking (conjunctivitis), pijn in de onderrug, verkoudheid die gepaard gaat met ontstoken slijmvliezen en hoest, migraineachtige hoofdpijn en koortsverschijnselen. Soms worden er ook geestelijke klachten mee verlicht, zeker als die worden veroorzaakt door stress of zorgen. Denk hierbij aan grote somberheid, prikkelbaarheid, slapeloosheid en lusteloosheid.

Zwavelmensen voelen zich als ze ziek zijn eerder dorstig dan hongerig en verdragen onaangename geuren slecht. De patiënt raakt uitgeput, slaapt 's nachts meestal slecht en is overdag moe. De symptomen worden erger als het koud en vochtig is, rond elf uur in de ochtend en in benauwde en warme ruimten. Ook wanneer de patiënt het 's nachts te warm heeft in bed en wanneer hij te veel lagen kleding draagt, zullen de symptomen toenemen. Lang achtereen staan en zitten leiden eveneens tot een verergering, wat ook geldt als de persoon in kwestie alcohol drinkt of zich wast. De symptomen verminderen bij droog, helder en warm weer en wanneer de patiënt lichaamsbeweging neemt. Ze verminderen eveneens wanneer de patiënt op zijn rechterzij gaat liggen.

Sulfer-mensen zien er vaak rommelig uit en hebben een droge, schilferige huid en stug, grof haar. Ze kunnen slank zijn en hebben ronde schouders (die ze vaak laten hangen), evenals een rond en rood gezicht. Velen hebben een neiging tot dik worden. Zwaveltypen hebben een levendige en intelligente geest vol plannen en oorspronkelijke ideeën, maar die zijn praktisch gezien niet altijd even nuttig. Ze kunnen vrij sterk op zichzelf gericht zijn en veel behoefte hebben aan lof; niet zelden maken ze zich druk om de kleinste details. Ze genieten van intellectuele gesprekken over onderwerpen die ze interessant vinden en kunnen behoorlijk verhit raken, hoewel hun woede snel zakt. Hartelijkheid en gulheid wat tijd en geld betreft zijn kenmerkende eigenschappen voor deze mensen. Dit type geniet van vele soorten voedsel, maar verdraagt melk en eieren slecht. Zwavelmensen zijn bang om in hun werk te mislukken, hebben hoogtevrees en staan angstig tegenover het bovennatuurlijke.

Tarentula cubensis
Tarentula cub.; Cubaanse tarantula, vogelspin
De beet van de spin met de naam Cubaanse tarantula leidt bij het slachtoffer tot een vertraagde reactie. Zo'n vierentwintig uur na de beet wordt de plek rood en gezwollen, de getroffene krijgt koorts en er ontwikkelt zich een abces.
Het homeopathische middel, gemaakt van het gif van de spin, wordt gebruikt om vergelijkbare irritaties te behandelen, zoals

een abces, steenpuist, karbonkel, fijt (ontstoken vingernagel) en genitale jeuk. Het dient eveneens als remedie tegen miltvuur en shock en is werkzaam als laatste hulpmiddel bij ernstige aandoeningen. De ontstoken gebieden hebben vaak een blauwachtig waas en de patiënt kan een brandende pijn voelen die vooral 's nachts optreedt. Tarantula werkt goed bij steeds terugkerende steenpuisten of karbonkels. De symptomen verminderen door te roken en verergeren door lichamelijke activiteit en het nuttigen van koude dranken.

Thuja occidentalis
Thuja; levensboom, arbor vitae

Deze conifeerachtige groenblijver is een inheemse boom in het noorden van de Verenigde Staten en Canada en kan zo'n tien meter hoog worden. Hij heeft geveerde bladeren met een sterke geur die op die van kamfer lijkt. Indianen gebruikten de bladeren en twijgen om allerlei infecties en aandoeningen te behandelen en de plant wordt in de kruidengeneeskunde al lange tijd gebruikt. Het is een belangrijk middel in de aromatherapie. Voor de bereiding van het homeopathische middel worden de verse, groene bladeren en twijgen benut.

Thuja wordt gebruikt bij de behandeling van wratten en wratachtige tumoren op willekeurig welk lichaamsdeel. Het kan ook tegen gordelroos helpen en het werkt in op de geslachtsdelen en urinewegen. Vandaar dat het middel wordt toegepast bij infecties als blaasontsteking, ontsteking van de urinewegen en bij een pijnlijke ovulatie. Het verhelpt infecties in de mond, aan het tandvlees en het gebit, en werkt bij slijmvliesontsteking en bij spanningshoofdpijn.

Mensen die baat hebben bij thuja transpireren overvloedig wat het middel tegengaat. Ze hebben vaak last van slapeloosheid en wanneer ze eindelijk zijn ingeslapen, praten of roepen ze soms in hun slaap. Het zijn mensen die kunnen lijden aan zware voorhoofdshoofdpijn aan de linkerkant, die al meteen 's ochtends na het ontwaken kan optreden. De symptomen zijn 's nachts het sterkst voelbaar, als de patiënt het te warm heeft in bed en na het ontbijt. Verder treden de symptomen op rond drie uur in de ochtend en middag, en bij koud en nat weer. Aan de linkerkant zijn de symptomen het sterkst. Ze verminderen bij het rekken en strekken van de ledematen, door massage en bij transpireren. Mensen die gevoelig zijn voor thuja hebben de neiging onzeker te zijn over zichzelf. Ze doen erg hun best om anderen te behagen, maar zijn gevoelig voor kritiek en worden daar snel somber van. Thuja-typen zijn vaak slank en bleek, en hebben een vette huid.

Urtica urens

Urtica; brandnetel

De brandnetel is een van de weinig planten die iedereen kent en die al honderden jaren zowel in de geneeskunde als in de keuken wordt gebruikt. Brandnetel heeft altijd gediend als voedsel voor zowel mens als dier. De jonge bladeren zijn rijk aan voedingsstoffen en bevatten veel vitamine C.

De plant heeft een bloedzuiverende werking. Vroeger werden reuma en spierzwakte bestreden door de patiënt met brandnetels te 'geselen'. De haartjes die de bladeren van de brandnetel bedekken geven een vluchtige vloeistof af wanneer ze worden aangeraakt. Deze vloeistof veroorzaakt het prikkende gevoel op de huid en als reactie verschijnen er witte puntjes op. De verse groene delen van de plant dienen ter bereiding van het homeopathische geneesmiddel, waarmee branden en prikken van de huid worden tegengegaan. Vandaar dat het wordt toegepast bij allergische reacties van de huid, netelroos (urticaria), insectenbeten en -steken, en brandwonden en brandblaren. Tevens helpt brandnetel tegen eczeem, waterpokken, zenuwontsteking en -pijn (neuritis en neuralgie), gordelroos, reuma, jicht en blaasontsteking die gepaard gaat met brandende, stekende pijnen.

Mensen die baat bij dit middel hebben, hebben snel last van huidirritaties en jeuk; ze kunnen kribbig, ongeduldig en rusteloos zijn. De symptomen verergeren bij aanraken, bij koud en nat weer, bij sneeuw en bij contact met water. Er kunnen allergische huidreacties optreden als de persoon in kwestie schaaldieren eet zoals garnalen. De symptomen verminderen wanneer over de aangedane huid wordt gewreven en als de patiënt rust neemt en gaat liggen.

Minder bekende
homeopathische geneesmiddelen

Aethusa cynapium

Aethusa; dolle peterselie, hondspeterselie
Deze plant, een gewoon kruid, komt voor in het grootste deel van Europa. Hij lijkt op de gevlekte scheerling, maar is kleiner en onder de uit witte bloempjes bestaande bloemschermen hangen drie tot vijf karakteristieke lange, dunne en bladachtige aanhangsels. De bladeren hebben een onaangename geur, hoewel die minder sterk is dan bij de gevlekte scheerling. Bovendien is de geur is heel anders dan die van gewone tuinpeterselie. De plant is giftig, hoewel minder sterk dan de gevlekte scheerling, en tast de spijsverteringsorganen en het zenuwstelsel aan.

In de homeopathie worden de groene delen van de bloeiende plant benut. Het middel dient vooral om hevige braakaanvallen te verhelpen, speciaal bij baby's die allergisch zijn voor melk. Tot de bijkomende symptomen behoren pijn in de onderbuik en diarree. Het middel wordt toegepast bij zomerdiarree bij kinderen en ook bij sterke geestelijke verwarring, stuipen en delirium. (Deze symptomen treden naar voren bij vergiftiging met hondspeterselie.) Het wordt gebruikt om mentale zwakte, vermoeidheid en concentratiestoornissen tegen te gaan.

De symptomen worden erger bij hitte en zomers weer, 's avonds en tussen drie en vier uur in de ochtend. Ze verminderen in de frisse buitenlucht en wanneer de patiënt in gezelschap van anderen verkeert.

Agaricus muscarius

Agaricus; *Amanita muscaria*, vliegezwam
Deze opvallende paddestoel met zijn feloranje hoed bezaaid met

witte stippen groeit in vochtige, veenachtige bossen in Schotland, Noord-Europa, Noord-Amerika en Azië. Hij is dodelijk giftig en het sap dat eruit kan worden gewonnen, werd vroeger als middel tegen vliegen gebruikt. Het tast de geest aan en het wordt ook gebruikt om zijn hallucinogene werking. Deze eigenschappen betekenen dat er met de paddestoel zorgvuldig moet worden omgesprongen. In sommige landen mag de vliegezwam niet worden gebruikt.

Voor de bereiding van het homeopathische middel wordt de hele verse paddestoel gebruikt. Het middel wordt gegeven bij winterhanden, wintervoeten en jeuk, en bij brandende en warme gezwollen vingers en tenen. Tevens is het een remedie tegen epilepsie en aandoeningen die gepaard gaan met spiertrekkingen (sint-vitusdans, chorea). Het gaat duizeligheid en een wankel gevoel tegen, evenals verwarring, delirium tremens (alcoholisme) en seniele dementie.

Mensen die baat hebben bij vliegezwam zijn gevoelig voor kou en dan vooral als ze zich niet lekker voelen. De symptomen verergeren bij kou of koud weer, bij onweer en na het eten. Ze verminderen door lichte, langzame bewegingen te maken.

Ailanthus olandulosa

Ailanthus; *Ailanthus altissima*, (Chinese) hemelboom
Een grote, fraaie boom die bloeit met geelgroene bloemen die uiterst onaangenaam ruiken. Wanneer de geur wordt ingeademd, raakt de spijsvertering van slag. Voor de bereiding van het homeopathische middel worden de verse bloemen gebruikt. De boom is inheems in China en werd in de achttiende eeuw als sierboom in Engeland geïntroduceerd.

Het middel wordt gebruikt tegen klierkoorts waarbij sprake is van een zeer pijnlijke keel en opgezette klieren. De amandelen zijn rood en ontstoken, en de patiënt kan moeilijk slikken. Hij of zij kan lijden aan zware hoofdpijn en spierpijn. De symptomen worden erger door te slikken en het lichaam naar voren te buigen. Bovendien nemen ze toe wanneer de patiënt gaat liggen, in de ochtend en bij blootstelling aan licht.

Aloe socotrina

Aloe; *Aloe ferox*, aloë

Aloë's zijn vetplanten en er bestaan een heleboel soorten van. Ze groeien in warme streken. Het sap dat uit de doorgesneden bladeren wordt gewonnen, wordt gedroogd tot hars. De hars wordt tot poeder verwerkt en dit is de basis voor het homeopathische middel. Aloë wordt al eeuwenlang in de geneeskunde gebruikt. Griekse en Romeinse artsen dienden het toe bij spijsverterings-klachten en aandoeningen van het onderlichaam. In meer recente tijden wordt aloë toegepast om de darmen te reinigen.

Aloë werd halverwege de negentiende eeuw onderzocht en beproefd door dr. Constantine Hering.

Het middel wordt in de homeopathie voor diverse aandoeningen gebruikt waarbij sprake is van verstopping (congestie), zoals hoofdpijn, een vergrote prostaat bij mannen, baarmoederverzakking bij vrouwen, aambeien, diarree, constipatie en overmatig alcoholgebruik. De symptomen verergeren bij hitte en in de zomer bij warm, droog weer. Ze zijn in de vroege ochtend en na het nuttigen van voedsel en dranken op hun sterkst. De symptomen verminderen bij koud weer en koude kompressen, en ook door winden te laten.

Mensen voor wie dit middel geschikt is, zijn opvliegend en worden snel kwaad. Ze zijn niet bijster tevreden met zichzelf en met mensen om hen heen. Geregeld voelen ze zich moe en niet in staat hun dagelijkse werk te verrichten. De symptomen zijn het sterkst voelbaar wanneer de persoon in kwestie geconstipeerd is. Aloëtypen drinken graag bier, maar deze drank brengt hun spijsvertering van slag.

Aluminiumoxide

Alumina, aluminiumoxide

Aluminium wordt verkregen uit bauxiet, een gesteente dat gehydrateerd aluminiumoxide bevat. In de reguliere geneeskunde wordt aluminium verwerkt in middelen tegen indigestie waarbij sprake is van een overmaat aan maagzuur. Men heeft ontdekt dat het hersenweefsel van mensen die aan de ziekte van Alzheimer lijden een verhoogd gehalte aan aluminium bevat en men vreest dat het metaal via kookgerei in het voedsel terecht zou kunnen komen, zeker wanneer daar zuur fruit in wordt verwerkt.

Een van de belangrijkste toepassingen van het homeopathische middel is het tegengaan van verwardheid. Het wordt tevens gebruikt bij alle aandoeningen waarbij sprake is van traagheid of inertie van het lichaam. Het middel wordt gegeven bij seniele dementie, verwardheid en geheugenverlies, constipatie, gebrekkige coördinatie, een zwaar en verlammend gevoel in de ledematen, gebrekkige afvoer van urine en duizeligheid wanneer de patiënt de ogen gesloten heeft. De symptomen verergeren in de ochtend en buiten in de kou, en ook na maaltijden die veel koolhydraten en zout bevatten.

Mensen die goed op het middel reageren zijn vaak bleek en slank en hebben een droge huid. Ze zijn pessimistisch en somber, hebben voortdurend het idee dat er rampen staan te gebeuren, en hebben een fobie voor scherpe en puntige voorwerpen, zoals messen. Alumina-typen kunnen een vreemde behoefte ontwikkelen voor stoffen die niet voor consumptie geschikt zijn, en ze houden niet van vlees of bier.

Ammonium carbonicum
Ammon. carb.; ammoniumcarbonaat, vlugzout, reukzout
Ammoniumcarbonaat wordt al lange tijd in de geneeskunde gebruikt bij de behandeling van roodvonk en als ingrediënt voor reukzouten. Het middel werd in de negentiende eeuw door Hahnemann onderzocht en getest en hij ontdekte dat het werkzaam was tegen uiteenlopende aandoeningen. De stof wordt verkregen na een chemische reactie tussen ammoniumchloride en natriumcarbonaat.

Het middel is bijzonder werkzaam bij een trage doorbloeding en hartzwakte. Het kan worden gebruikt bij de behandeling van vermoeidheid na virusinfecties en ME (myalgische encefalomyelitis). De symptomen verergeren bij langdurige inspanning en bij bewolkt weer. Ze verminderen bij warm en droog weer en in een warme en droge omgeving, door te gaan liggen met de voeten hoger dan het hoofd en door druk uit te oefenen.

Mensen die gevoelig zijn voor ammoniumcarbonaat zijn meestal fors gebouwd en zijn snel vermoeid. Ze zijn opvliegend, prikkelbaar en hebben de neiging vergeetachtig te zijn en in huilen uit te barsten. Ze zijn vooral gevoelig voor de invloed van bewolkt en betrokken weer.

Ammonium muriaticum

Ammon. mur.; ammoniakzout, ammoniumchloride
Ammoniumchloride wordt al van oudsher gebruikt en werd vooral door alchemisten hogelijk gewaardeerd. Vroeger was er maar één plek waar de stof werd gevonden, de Vuurberg in Centraal-Azië, maar tegenwoordig wordt die via chemische reactie verkregen. Ammoniumchloride dient in de reguliere geneeskunde als ingrediënt van middelen tegen verkoudheid en hoest, en heeft diverse belangrijke industriële toepassingen.

De stof is een middel tegen aandoeningen waarbij sprake is van een gevoel van beklemming en benauwing, zoals bij hoest, bronchitis en longontsteking. De patiënt heeft het gevoel dat er een strakke band om zijn borst zit en scheidt dik, kleverig slijm af. Tevens wordt het middel gebruikt bij aandoeningen van gewrichten en pezen, bij rugpijn, lendenpijn (lumbago) en ischias, en bij symptomen die voornamelijk optreden aan de linkerkant van het lichaam en die in de ochtend het sterkst zijn. Vaak heeft de patiënt voorhoofdshoofdpijn die is gesitueerd bij de neusbrug. Hij kan ook een droge en geïrriteerde schedelhuid en last van roos hebben. De symptomen verergeren tussen twee en vier uur in de ochtend en ook in de middag. Ze verminderen in de avond en 's nachts, en bij kortdurende lichaamsbeweging, zeker als die in de buitenlucht plaatsheeft.

Mensen die baat hebben bij ammoniakzout hebben neiging tot overgewicht, hoewel hun ledematen slank kunnen lijken. Vaak hebben ze een pafferige huid omdat ze vocht vasthouden. Hun stofwisseling is traag, evenals hun doorbloeding die ook onregelmatig is, wat tot kloppende pijnen kan leiden. Ammoniakzoutmensen hebben een wat pessimistische kijk op het leven en ze huilen makkelijk. Bovendien hebben ze vaak last van pijnlijke hielen die door zweertjes kunnen zijn veroorzaakt. Van bepaalde mensen kunnen ze een onredelijke afkeer hebben en ze zijn bang voor het donker.

Amyl nitrosum
Amylnitraat

Dit middel wordt gebruikt om hartritmestoornissen en angstigheid te verlichten. Tot de symptomen behoren hartkloppingen (tachycardie), een bonzend hoofd en het bewustzijn van de hartslag doordat het hart een slag overslaat en het ritme wordt verbroken. Er kan sprake zijn van pijn en een verlammend gevoel in de borst, dat zich kan uitbreiden tot en met de arm en ernstig kan worden, zoals bij angina. De patiënt kan opvliegers krijgen en het zweet kan hem of haar uitbreken, zeker als het om een vrouw in de overgang gaat. Het hoofd voelt vol aan en de persoon in kwestie loopt snel rood aan.

Anacardium orientale
Anacard. or.; *Semecarpus anacardium*, cashewnoot

De cashewnootboom is leverancier van diverse producten die nuttig zijn voor mensen en die al lange tijd worden gebruikt zowel voor culinaire als voor medicinale doeleinden. De noten worden geoogst, gegeten en in gerechten verwerkt, maar ook de vruchten zijn eetbaar. De noot wordt omhuld door een binnen- en een buitenschil, en daartussen bevindt zich een dikke, caustische, donkere vloeistof waarvan men in de homeopathie gebruik-maakt. Deze vloeistof trekt blaren op de huid en werd vroeger gebruikt bij wratten, zweren, likdoorns, eeltknobbels en andere huidaandoeningen. De vloeistof werd ook toegepast om er, vermengd met kalk, een onuitwisbare inkt van te maken waarmee men kleding merkte. Arabische artsen gebruikten het sap om er psychiatrische aandoeningen en aandoeningen van het zenuwstelsel mee te behandelen, zoals verlamming en dementie. De cashewnootboom ziet er fraai uit, bloeit met geurige roze bloemen en is een inheemse soort in Azië.

In de homeopathie gebruikt men het middel om symptomen te behandelen die samengaan met beklemming, alsof er strakke banden om het lichaam zitten. De patiënt heeft de sensatie of zijn spijsvertering wordt afgestopt door een kurk en hij heeft last van pijn, indigestie en constipatie. Tevens wordt Anacard. or. toegediend bij reuma en zweren. Aanvankelijk worden de symptomen verlicht door te eten, maar uiteindelijk worden ze daar juist erger door wanneer de spijsvertering is afgerond. De symptomen zijn 's avonds rond twaalven het sterkst voelbaar, wanneer er druk op het lichaamsdeel wordt uitgeoefend en wanneer de patiënt een warm bad neemt. Ze worden verlicht door te vasten.

Mensen die voor dit middel gevoelig zijn, hebben vaak geen enkel zelfvertrouwen en voelen zich voortdurend tekortschieten. Ze kunnen een slecht geheugen hebben en vatbaar zijn voor psychische stoornissen, vooral het onvermogen om onderscheid te maken tussen werkelijkheid en fantasie.

Apomorphia

Apomorfine, morfinealkaloïde

Dit is een middel tegen hevig en aanhoudend braken, vergezeld door zwakte, duizeligheid, flauwvallen en transpireren. Er kan wel of geen sprake zijn van misselijkheid. Het braken kan verschillende oorzaken hebben, bijvoorbeeld als een zwangere vrouw last heeft van ochtendmisselijkheid. Tevens kan een overmaat aan alcohol de symptomen veroorzaken, te copieus voedsel of drugsgebruik.

Aranea diadema

Aranea diad.; *Aranea diadematus*, kruisspin

Deze spin wordt in veel landen op het noordelijk halfrond aangetroffen. Hij heeft een rond, bruin lijf met een witte tekening op de rug in de vorm van een kruis. De spin spint een web en verlamt zijn prooi door die te bijten en zo gif toe te dienen. Voor de bereiding van het homeopathische middel wordt de hele spin gebruikt. Het middel werd halverwege de negentiende eeuw door Von Grauvogl, een Duitse arts, voor het eerst onderzocht en beproefd. Hij gebruikte het als remedie tegen symptomen van stekende en brandende zenuwpijnen, die onder vochtige en koude omstandigheden verergeren.

Het middel wordt tegen allerlei soorten zenuwpijn gebruikt, maar vooral wanneer die het aangezicht betreffen. De pijnen komen in de regel plotseling op, ze zwakken af en worden weer sterker. Ze zijn hevig, warm en verschroeiend. De patiënt kan eveneens een doof gevoel ontwikkelen. De symptomen worden erger bij blootstelling aan koude, vochtige omstandigheden en bij koude kompressen. Ze verminderen bij warm, zomers weer en bij warme kompressen. Bijzonder is dat ze worden verlicht door te roken – iets wat niet vaak voorkomt.

Argentum metallicum
Argent. met.; zilver
Zilver wordt meestal in combinatie met andere metalige mineralen aangetroffen in ertsafzettingen in oud gesteente. Door de hele geschiedenis van de mensheid heen is het altijd hogelijk gewaardeerd en heeft men er sieraden, gebruiksvoorwerpen en kunstzinnige versieringen van gemaakt. Ook heeft het moderne industriële toepassingen, bijvoorbeeld in de fotografie. Zilver wordt tevens toegepast in gebitsvullingen en staat in de reguliere geneeskunde bekend om zijn antiseptische en adstringerende eigenschappen.

Het homeopathische middel wordt aangewend tegen artritische en reumatische aandoeningen, vooral wanneer die betrekking hebben op de teen-, enkel-, vinger- en polsgewrichten. De gewrichten zijn pijnlijk, maar meestal is de pijn niet voortdurend aanwezig; hij kan ook een poos geheel verdwijnen. Andere soorten pijn die van diep uit het lichaam komen kunnen eveneens door zilver worden verholpen. Dit geldt ook voor astmatische en bronchitisachtige symptomen en strottenhoofdontsteking (laryngitis). De symptomen verergeren wanneer de aangedane gewrichten worden bewogen en tevens laat in de ochtend, tegen de middag. Ze verminderen door het aangedane lichaamsdeel te laten rusten en in de frisse, schone buitenlucht. 's Nachts nemen de symptomen af en ook wanneer er lichte druk wordt uitgeoefend.

Arsenicum iodatum
Arsen. iod.; arseenjodide
Dit homeopathische middel wordt verkregen door een chemische reactie tussen jodium en metalloïde arseen en het werd vroeger gebruikt bij de behandeling van tuberculose. Tegenwoordig wordt het toegepast als remedie tegen allergische aandoeningen, zoals hooikoorts waarbij sprake is van overvloedige waterige afscheiding uit de neus. Het helpt tevens tegen bronchitis, psoriasis, eczeem en hyperactiviteit bij kinderen. De symptomen verergeren rond middernacht en verminderen wanneer de patiënt de frisse, koele buitenlucht in gaat.

Arum triphyllum
Arum triph.; aronskelk
Deze wilde plant komt veel voor in Noord-Amerika en Canada. De bladeren hebben een bijzondere vorm en ontspruiten aan lange stengels. De wortel is breed en plat en wanneer deze wordt gegeten leidt dat tot hevig braken, misselijkheid en diarree en een branderig gevoel aan de slijmvliezen van de mond en het spijsverteringskanaal. ('Arum' komt van het Arabische woord *ar*, dat 'vuur' betekent.)

De verse wortel wordt gebruikt voor de bereiding van het homeopathische middel dat helpt tegen verkoudheid en hooikoorts waarbij de symptomen voornamelijk aan de linkerkant optreden. Er kan sprake zijn van een gebarsten en bloedende huid rond de neus en de mond en van droge en pijnlijke lippen. Het middel dient tevens tegen heesheid en strottenhoofdontsteking (laryngitis).

De symptomen kunnen worden veroorzaakt doordat de stem te zwaar belast is, bijvoorbeeld wanneer de patiënt zanger is, of door blootstelling aan kou. De symptomen verergeren bij koud weer, zeker bij blootstelling aan snijdende wind, en ook door te gaan liggen. Ze verminderen door koffie te drinken en zijn 's ochtends minder voelbaar.

Asafoetida

Ferula foetida, duivelsdrek

Ferula foetida is een grote plant die inheems is in oostelijk Iran en Afghanistan en die enkele meters hoog kan worden. Hij heeft een dikke en vlezige wortel. Wanneer deze wordt doorgesneden, komt er een witte, gomachtige vloeistof uit die uithardt tot hars. Het sap van de plant ruikt onaangenaam en tast het spijsverteringsstelsel aan. In de homeopathie wordt de geharde gom verpulverd.

Het middel wordt aangewend tegen spijsverteringsstoornissen, zoals indigestie, pijn in het onderlichaam, winderigheid en een opgeblazen gevoel, en bij symptomen van hysterie.

Astacus fluviatilis

Rivierkreeft

Dit homeopathische middel wordt gebruikt bij allergische reacties op de huid die veroorzaakt kunnen zijn door het eten van schelpdieren. De huid is licht gezwollen, jeukt en vertoont soms uitslag (netelroos of urticaria), wat kan samengaan met verhoging, een gevoel van malaise, rillingen en opgezette klieren. De symptomen worden erger door blootstelling aan kou en tocht.

Avena sativa

Avena; wilde haver

Haver wordt al eeuwenlang als voedsel voor zowel mens als dier verbouwd. Dit is het enige voedingsmiddel waarvan bekend is dat het het cholesterolgehalte in het bloed verlaagt.

Het homeopathische middel wordt gemaakt van de verse groene delen van de plant en zowel in de homeopathie als in de kruidengeneeskunde worden haverpreparaten gebruikt ter behandeling van aandoeningen van het zenuwstelsel. Het homeopathische middel wordt gegeven bij nerveuze uitputting, stress, slapeloosheid en zorgelijkheid. Het helpt de nerveuze symptomen van mensen die te veel alcohol hebben gedronken verlichten en kan dienen als remedie tegen impotentie. De symptomen worden erger door het drinken van alcohol en verminderen na een goede nachtrust.

Baptisia tinctoria

Baptisia; wilde indigo

Deze winterharde, medicinale plant komt voor in heel Canada en het grootste deel van de Verenigde Staten, in droge, bosachtige hooglanden. De plant heeft een houtige wortel, die vanbinnen licht getint is en waaruit een heleboel kleine wortels te voorschijn komen – dit is het deel dat in de homeopathie wordt gebruikt. De wortel werd door de indianen vermalen en zowel als geneesmiddel als als verfstof gebruikt. ('Baptisia' is afgeleid van het Griekse *bapto*, dat 'verven' betekent). De plant wordt ongeveer een meter hoog en bloeit in augustus en september met gele bloemen. Hij is giftig wanneer hij in grote hoeveelheden zou worden geconsumeerd, maar preparaten van de wortel worden met succes benut vanwege hun antibacteriële, antiseptische en adstringerende eigenschappen.

In de homeopathie wordt het middel toegepast bij acute, ernstige infecties en koortsen. Hiertoe behoren griep, kinkhoest, roodvonk en tyfus. De patiënt voelt zich onwel en kan uitgeput zijn, verward zijn en ijlen. Verder kan de tong verkleurd zijn en soms ruikt de adem onprettig. De symptomen kunnen gepaard gaan met kwalijk riekende diarree. Ze worden erger in warme, vochtige en bedompte omstandigheden en verminderen bij lichte lichaamsbeweging in de frisse buitenlucht als de patiënt eenmaal aan het herstellen is.

Baryta carbonica

Baryta carb.; witheriet, bariumcarbonaat

Het bariumcarbonaat dat wordt gebruikt voor het homeopathische middel wordt in de vorm van witte kristallen witheriet en bariet in oud gesteente aangetroffen. Barium, dat uit deze mineralen wordt gewonnen, wordt zowel in de radiologie als bij de fabricage van glas gebruikt. Witheriet had ooit een medicinale toepassing: het was een middel tegen opgezette klieren en tuberculose.

In de homeopathie is het een nuttig middel voor kinderen en ouderen die geestelijk en wellicht ook lichamelijk gehandicapt zijn. Bijvoorbeeld bij kinderen die lijden aan het syndroom van Down of vergelijkbare stoornissen en in de regel een buitenproportioneel groot hoofd hebben. Bovendien is hun groei verstoord en lijden ze onder steeds terugkerende infecties van de ademhalingswegen, zoals tonsillitis (ontstoken amandelen).

Ouderen die baat hebben bij witheriet kunnen lijden aan dementie of zijn lichamelijk en geestelijk gehandicapt. Mensen die baat hebben bij dit middel zijn vaak verlegen en onzeker over zichzelf en ze hebben veel behoefte om gerust te worden gesteld. Ze zijn wat kinderlijk en hebben leiding nodig om de juiste beslissingen te nemen. De symptomen verergeren bij kou in welke vorm dan ook, vooral bij vochtig en kil weer en bijtende koude wind. Ze verminderen bij alle vormen van warmte en bij lichaamsbeweging in de frisse lucht. De patiënt voelt zich beter als hij warme kleding draagt.

Bellis perennis

Bellis; madeliefje, meizoentje

Dit plantje met zijn donkergroene blaadjes en witte bloemen met een geel hart komt zoveel voor dat iedereen het wel kent. De blaadjes bevatten een bittere vloeistof die voorkomt dat de plant wordt gegeten door insecten of grazende dieren. Het madeliefje heeft qua medicinaal gebruik een lange geschiedenis. Het wordt al sinds de Middeleeuwen aangewend om kneuzingen tegen te gaan.

Voor de bereiding van het homeopathische middel wordt het hele, verse, bloeiende plantje gebruikt. Het middel dient vooral ter behandeling van kneuzingen, pijn en roodheid door accidentele verwondingen, letsel en operaties. Het is nuttig om infecties te voorkomen en bij de behandeling van steenpuisten en abcessen. De symptomen verergeren als de patiënt huivert van kou, terwijl hij het te heet heeft. De klieren kunnen zijn opgezet en de armen en benen kunnen koud of verdoofd aanvoelen. Bellis kan tijdens de zwangerschap worden gegeven om pijnen en krampen te verlichten. De symptomen verergeren wanneer de patiënt rillerig is, nat wordt, transpireert en het 's nachts in bed te warm krijgt. Ze verminderen met massage of door over het pijnlijke lichaamsdeel te wrijven en bij lichte lichaamsbeweging.

Benzoicum acidum
Benz. ac.; benzoëzuur

Benzoëzuur komt van nature voor in een harsachtige stof, benzoëhars of reukhars, die door bepaalde planten wordt afgescheiden. Een combinatie van natrium en benzoëzuur vormt natriumbenzoaat, een stof die wordt gebruikt bij het conserveren van levensmiddelen.

Het homeopathische middel wordt gebruikt bij artritische aandoeningen en jicht, en tevens voor aandoeningen van de urinewegen, met name nierstenen. Bij artritische aandoeningen is er sprake van een karakteristiek 'geklik' in de gewrichten en van hevige, verschroeiende pijn. Aandoeningen van de urinewegen gaan gepaard met de uitscheiding van donkere urine die kwalijk riekt en vergezeld gaat van pijn bij het plassen.

De patiënt is erg gevoelig voor kou en huivert vaak. Benzoëzuur kan ook worden gegeven bij menstruatieproblemen en een verzakte baarmoeder. De symptomen verergeren als de patiënt het koud krijgt na het uitkleden of vanwege winters weer of tocht. Ze verminderen met warmte en warme kompressen op het getroffen lichaamsdeel.

Berberis vulgaris
Berberis, zuurbes

Berberis is een heesterachtige struik die in heel Europa veelvuldig voorkomt en lichtgroene blaadjes, gele bloemen en glanzend rode bessen heeft. De bessen worden van oudsher in de keuken gebruikt, maar de plant heeft ook een lange geschiedenis wat geneeskundige toepassingen betreft. Artsen in het oude Griekenland en de Arabische gebieden gebruikten berberis bij koorts, bloedingen, buikgriep (gastro-enteritis), dysenterie en geelzucht.

In de kruidengeneeskunde wordt berberis nog altijd tegen geelzucht aangewend, evenals tegen leveraandoeningen, galstenen en spijsverteringsstoornissen. Voor de bereiding van het homeopathische middel wordt de verse wortel van de plant gebruikt. Het middel biedt verlichting bij nieraandoeningen die vergezeld gaan van hevige pijn, zoals nierkoliek en nierstenen. Deze klachten kunnen optreden in combinatie met de uitscheiding van abnormaal donkere urine die kwalijk riekt. Berberis is ook een remedie tegen galstenen, geelzucht en galsteenkoliek wanneer een licht gekleurde ontlasting wordt uitgescheiden.

Mensen die voor het middel gevoelig zijn, zijn vaak bleek, met scherpe gelaatstrekken en donkere schaduwen onder de ogen. De symptomen kunnen sterk fluctueren en verergeren bij lang staan. Ze worden verlicht door strekoefeningen en lichte bewegingen.

Borax
Natriumboraat
Dit homeopathische middel werkt in op het maagdarmkanaal en wordt aangewend bij spijsverteringsstoornissen. Het is vooral nuttig als remedie tegen pijnen, diarree, misselijkheid en braken. Deze klachten kunnen vergezeld gaan van transpireren, koorts en duizeligheid. De symptomen verergeren door neerwaartse bewegingen, zoals gaan zitten of liggen.

Bothrops Ianceolatus
Bothrops; *Lachesis lanceolatus*, lanspuntslang, gele groefkopadder
Deze grijsbruine slang, met een ruitvormige tekening, is een inheems dier op het Caribische eiland Martinique. Hij produceert een dodelijk gif en als een mens gebeten wordt, zwelt het getroffen lichaamsdeel op en ontwikkelt zich daar uiteindelijk koudvuur.

Het gif van de slang wordt opgevangen en gebruikt om er het homeopathische middel van te maken dat wordt toegediend bij aandoeningen van het bloed, zoals bloedingen en trombose. Het wordt tevens gebruikt bij beroertes die de linkerkant van de hersenen aantasten, wat op zich weer kan leiden tot symptomen als zwakte en verlamming van de rechterkant van het lichaam en spraakproblemen.

Mensen die baat hebben bij bothrops voelen zich vaak uitgeput en bewegen zich traag en vermoeid. Ze kunnen last hebben van tremor (onwillekeurig beven).

Bovista

Lycoperdon bovista; stuifzwam, *Lycoperdon giganteum*
Deze paddestoel wordt overal in Europa aangetroffen en heeft de vorm van een ronde witte bal, waarvan de diameter uiteen kan lopen van tien tot dertig centimeter. Als de paddestoel rijp is, vormt zich aan het oppervlak een onregelmatige breuklijn en komen er donker gekleurde, bruingroene sporen vrij. In sommige landen worden jonge stuifzwammen gegeten. De stuifzwam heeft een lange gebruiksgeschiedenis onder plattelandsbewoners. De zwam werd opengesneden en op wonden aangebracht om bloedingen te stelpen. Ook werden de paddestoelen verbrand en met de geproduceerde rook werden bijen tijdelijk uitgeschakeld om zo de honing uit bijenkorven te kunnen oogsten.

In de homeopathie wordt het middel gebruikt bij spraakstoornissen, zoals stotteren, en ook bij huidaandoeningen zoals eczeem, blaren, wratten, eeltknobbels, likdoorns en netelroos. Deze huidaandoeningen zijn vaak vochtig en overdekt met een korstje en ze veroorzaken hevige jeuk. De symptomen worden erger door warmte en worden verlicht door koude kompressen.

Bufo rana

Bufo, gewone pad
Deze pad komt overal ter wereld voor en heeft een vlekkerige en bobbelige bruine huid. Als de pad wordt gestoord en zich bedreigd voelt, scheidt hij uit zijn huidporiën een giftige en irriterende stof af, die vooral afkomstig is van de gewelfde plooien boven zijn ogen. Dit gif kan schade aanrichten en voorkomt dat de pad wordt opgegeten. Het tast de slijmvliezen van bijvoorbeeld de mond, keel en ogen aan en kan tot vrij ernstige klachten leiden, ook bij grote roofdieren die de pad willen aanvallen. Het gif heeft in de Chinese geneeskunde een lange geschiedenis. Het wordt opgevangen en bewerkt om er het homeopathische middel

van te maken. Het werd door de Amerikaanse homeopaat dr. James Tyler Kent voor het eerst onderzocht en beproefd.

Het middel wordt toegepast bij de behandeling van epilepsie, waarbij de patiënt vlak voor een aanval fel licht of muziek niet kan verdragen en zijn tong snel heen en weer beweegt. Na de aanval heeft hij of zij zware hoofdpijn. De symptomen verergeren tijdens de nacht en door slaap, en bij vrouwen tijdens de menstruatie. Ze zijn in de ochtend een stuk minder en ook nadat de patiënt heeft liggen rusten.

Mensen die bij dit middel gebaat zijn, zien er doordat ze vocht vasthouden vaak wat pafferig uit. Ze worden snel kwaad wanneer ze hun mening niet duidelijk weten te maken.

Cactus grandiflorus

Selinecereus grandiflorus, koningin van de nacht, nachtcactus
Deze plant groeit in de dorre, aride woestijngebieden van Zuid-Amerika, Mexico en de Verenigde Staten. Het is een struikachtige plant met dikke, vlezige stengels en grote witte bloemen met een geel hart, die heerlijk naar vanille geuren. Ze gaan 's avonds open en zijn overdag gesloten.

Het homeopathische middel wordt gemaakt van de verse bloemen en jonge stengels en werd in 1862 door dr. Rubins onderzocht en beproefd. Hij ontdekte dat het een heilzaam effect had op het hart, wanneer sprake is van gevoelens van beklemming en pijn. Vandaar dat het middel wordt gebruikt om de onaangename en angstaanjagende symptomen van angina tegen te gaan, zoals hevige, knellende pijn die erger wordt bij lichaamsbeweging en stress, en om het gevoel of de borst wordt omklemd door strakke banden te verminderen.

De patiënt kan verkleumd of koud zijn, maar er kunnen ook tintelingen optreden in de linkerhand en -arm, en zelfs hartkloppingen. De patiënt maakt zich grote zorgen en vreest dat zijn laatste uur heeft geslagen, en de pijn wordt erger wanneer hij of zij op de linkerzij gaat liggen. De symptomen zijn het sterkst vanaf het eind van de ochtend tot laat in de avond en verminderen wanneer de patiënt op de rechterzij gaat liggen met het hoofd iets omhoog.

Iemand die dergelijke klachten heeft moet gerust worden gesteld en mag niet alleen blijven.

Calcarea hypophosphorosa
Calciumhypofosfaat
Dit middel is geschikt voor mensen met calcarea als constitutioneel type. Het wordt aangewend bij artritische en reumatische aandoeningen, vooral wanneer die de handen en polsen betreffen. De handen voelen klam en koud aan en de symptomen verergeren bij koud, vochtig weer. De patiënt is erg gevoelig voor kou en heeft een bleke, koele huid.

Calcarea iodata
Calciumjodide
Een middel tegen opgezette klieren en infecties in de hals en nek, zoals tonsillitis (ontstoken amandelen), opgezette adenoïde vegetaties (woekering van het klierweefsel in de neus-keelholte) en een vergrote schildklier (krop). Tevens wordt het toegediend bij woekeringen in de baarmoeder (vleesboom) en vergelijkbare goedaardige weefselwoekeringen in de borsten.

Calcarea sulphurica
Calc. sulph.; calciumsulfaat, gebluste kalk, gips
De bron van calciumsulfaat is de minerale afzetting gips, dat als neerslag achterblijft wanneer zoutwater is verdampt. Het is een van de biochemische zouten van Schusser (zie WOORDENLIJST) en er worden gipsomhulsels voor gebroken botten van gemaakt.

Het is een middel tegen ontstekingen van de huid waarbij pus wordt geproduceerd. Tot deze aandoeningen behoren onder andere steenpuisten, karbonkels, huidzweren, abcessen en geïnfecteerd eczeem. De huid ziet er grauw en ongezond uit en voelt koud en klam aan, hoewel de voetzolen warm kunnen zijn. Er kan sprake zijn van gele aanslag op de tong en de patiënt voelt zich ellendig en zwak. De symptomen verergeren bij nat en koud weer en verminderen in de droge, frisse buitenlucht. Ze verminderen tevens na eten en het drinken van thee.

Mensen die gevoelig zijn voor calciumsulfaat zijn vaak prikkelbaar en somber en ze zijn jaloers van aard. Hoewel de symptomen verergeren bij kou, houden calciumsulfaatmensen niet van warmte en hebben ze het liever een beetje koud, zozeer zelfs dat ze zich 's winters onvoldoende warm kleden.

Camphora

Kamfer, *Laurus camphora*, kamferboom, kamferlaurier

Dit middel werd door Hahnemann onderzocht en beproefd. Hij gebruikte het als geneesmiddel tijdens de cholera-epidemie van de jaren 1830. Het middel werd opnieuw aangewend tijdens de epidemie van 1854 en bleek bij beide gelegenheden zeer succesvol. Kamfer wordt verkregen van een boom die in Centraal-China en Japan groeit. Houtschilfers worden verhit met stoom en de vloeistof die vrijkomt wordt opgevangen, waarbij heldere afzettingen van kamfer neerslaan. Kamfer heeft een karakteristieke scherpe geur en kent in de kruidengeneeskunde vele toepassingen.

In de homeopathie wordt kamfer gebruikt ter behandeling van acute aandoeningen en koortsen, waarbij sprake is van transpireren, een koude, klamme en bleke huid, rillingen en angstigheid. Er kunnen ernstige symptomen optreden, zoals een zeer lage bloeddruk, collaps of flauwvallen en spasmen. Soms wordt het middel gebruikt in omstandigheden waaronder andere homeopathische middelen niet tot verbetering hebben geleid.

Capsicum frutescens

Capsicum; rode cayennepeper, chilipeper, Spaanse peper

De Capsicum-plant is inheems in Zuid-Amerika en West- en Oost-Indië, maar wordt in vele landen over de hele wereld gekweekt. De langgerekte rode pepers (de vruchten), die vers of gedroogd kunnen worden gebruikt, worden in de oosterse keuken veelvuldig toegepast om gerechten pittig te maken. Ze leiden tot transpiratie en stimuleren de doorbloeding doordat ze de bloedvaten verwijden, en kunnen een gevoel van hitte geven. De pepers werden vroeger gebruikt om infecties tegen te gaan, maar worden tegenwoordig voornamelijk aangewend bij spijsverteringsstoornissen. Cayenne is een van de belangrijkste middelen in de kruidengeneeskunde en vormt een ingrediënt voor vele samengestelde geneesmiddelen. Voor de bereiding van het homeopathische middel worden de vruchten en zaden gebruikt.

Capsicum wordt aangewend bij de behandeling van aandoeningen die gepaard gaan met hete, brandende, stekende pijnen. Het is een remedie tegen indigestie, met name brandend maagzuur, tegen aambeien, diarree, keelpijn die gepaard gaat met een pijnlijk en brandend gevoel bij het slikken, en tegen reumatische aandoeningen. De symptomen verergeren in koele omstandigheden die samen gaan met tocht, en wanneer de patiënt begint te bewegen. Ze verminderen bij warmte en hitte, en wanneer bewegingen op gang gekomen zijn en worden volgehouden.

Mensen die goed op dit middel reageren, zijn vaak blond en blauwogig en hebben een neiging tot overgewicht. Ze zijn vaak niet fit en houden niet van te veel lichaamsbeweging. Overmatig alcoholgebruik of het nuttigen van te veel gekruid voedsel maakt hen lui en lethargisch, en ze hebben een neiging tot melancholie. Als ze van huis weggaan, worden ze vrijwel meteen somber en krijgen ze heimwee.

Carboneum sulphuratum
Koolstofbisulfide
Dit middel wordt aangewend bij aandoeningen die de zenuwen betreffen, waarbij er sprake kan zijn van zwakheid, een verkleumd gevoel, trillingen (tremor) of verlamming. Tevens is het te gebruiken bij bepaalde oog- en gezichtsaandoeningen en bij indigestie, pijn in het onderlichaam, winderigheid, diarree en constipatie.

Caulophyllum thalictroides
Caulophyllum, blue cohosh
Deze fraaie vaste plant is een inheemse soort in Canada en Noord-Amerika, waar hij onder vochtige omstandigheden bij kreken of in moerassen groeit. Hij bloeit vroeg in de zomer met

groengele bloemen en later verschijnen er zaden ter grootte van erwten, die door de indianen werden geoogst en geroosterd om er een warme drank van te bereiden. De wortel van de plant is bruin, knoestig en gekronkeld en dit is het gedeelte dat in de homeopathie wordt aangewend. Het middel dat uit de wortel wordt bereid heeft een stimulerende uitwerking op de baarmoeder. Deze eigenschap was bekend bij de indianen, die het middel gebruikten om een trage of pijnlijke bevalling te bespoedigen. Caulophyllum werd aan het eind van de negentiende eeuw door de Amerikaanse homeopaat dr. Hale onderzocht en beproefd.

Een van de belangrijkste toepassingen in de homeopathie is het bespoedigen en versterken van zwakke of pijnlijke weeën tijdens de bevalling. Tevens wordt het middel aangewend tegen uitblijven van de menstruatie en bepaalde andere aandoeningen van de baarmoeder, zoals menstruatiepijn en pijn na de bevalling. Caulophyllum is een effectieve remedie tegen reumatische aandoeningen van de vingers, handen, polsen, tenen, enkels en voeten. Er is dan steevast sprake van krampachtige en stekende pijnen die af en toe optreden en dan weer wegblijven.

De symptomen verergeren bij vrouwen wanneer de menstruatie uitblijft of onregelmatig is, en tijdens de zwangerschap. Alle symptomen verminderen onder warme omstandigheden of wanneer warme kompressen worden aangebracht.

Causticum hahnemanni
Causticum, kaliumhydraat
Dit middel werd in het begin van de negentiende eeuw bereid, onderzocht en beproefd door Hahnemann en het wordt alleen in de homeopathie gebruikt. Het wordt verkregen via een chemisch proces waarbij pasverbrande kalk bij kaliumbisulfaat in water wordt gevoegd. Het mengsel wordt verhit en gedistilleerd en de heldere vloeistof die daar het resultaat van is, wordt opgevangen en benut voor de vervaardiging van het homeopathische middel.

Het wordt aangewend bij zwakte van de zenuwen en spieren die de keel en het strottenhoofd of de stembanden bedienen, de blaas, de oogleden en het gezicht aan de rechterkant. Kenmerkende keelklachten zijn onder anderen heesheid en stemverlies, en er kan sprake zijn van een droge hoest waarbij geen slijm vrijkomt. Tot de blaasklachten behoren stressincontinentie (urineverlies wanneer de persoon in kwestie hoest, niest of lacht) en bedplassen, vooral wanneer de patiënt een kou heeft opgelopen. Andere symptomen zijn hete, schroeiende pijnen zoals bij brandend maagzuur, en reumatische klachten. De symptomen verergeren bij blootstelling aan koude wind, lichaamsbeweging en ook tijdens de avond. Ze verminderen met warmte, na het nuttigen van een koele drank en na een wasbeurt.

Mensen die gevoelig zijn voor causticum, zijn vaak slank en bleek en hebben donkere ogen en donker haar. Ze kunnen sterk meevoelen met andermans lijden en voelen verdriet heel intens. Vaak krijgen ze het plotseling koud en ontwikkelen ze wratten op hun huid. Causticum-mensen kunnen vrij star in hun opvattingen zijn en een zwakke gezondheid hebben.

Ceanothus americanus
Ceanothus; Amerikaanse sering, sikkelbloem
Deze struik, die tot anderhalve meter hoog kan worden, is inheems in Noord-Amerika en Canada. Hij bloeit in juni en juli met een heleboel witte bloempjes. Tijdens de Amerikaanse Onafhankelijkheidsoorlog, toen thee een schaars artikel was, zette men 'thee' van de blaadjes. De plant heeft dikke, roodachtig gekleurde wortels, die in de kruidengeneeskunde worden gebruikt.

In de homeopathie benut men echter de verse bladeren, die worden geoogst wanneer de plant in bloei staat. Ceanothus wordt toegediend bij pijnen in het onderlichaam, vergroting van de milt en bij symptomen die zich links in de onderbuik voordoen. De pijn is stekend van aard en wordt erger wanneer de patiënt op zijn linkerzij gaat liggen. Lichamelijke inspanning en beweging verergeren de klachten, maar deze worden verlicht door rust en door stil te liggen.

Mensen die baat hebben bij ceanothus zijn uitermate gevoelig voor kou en zitten graag zo dicht mogelijk bij een warmtebron om warm te blijven.

Chelidonium majus

Chelidonium; stinkende gouwe, wrattenkruid

Deze plant is inheems in vele Europese landen en behoort tot dezelfde familie als de klaproos. De plant heeft een slanke vertakte stengel, grote bladeren die aan de bovenkant geelgroen zijn en aan de onderkant grijs. Hij bloeit met gele bloemen. Na de bloei vormen zich lange, slanke zaadpeulen die zwarte zaden bevatten. De plant produceert een geeloranje giftig sap dat bitter, caustisch en irriterend is en onaangenaam ruikt. Voor de bereiding van het homeopathische middel wordt de verse bloeiende plant gebruikt.

Het middel dient vooral om aandoeningen van de lever en galblaas te behandelen. Aandoeningen die ermee kunnen worden verholpen zijn onder andere galstenen, hepatitis, pijn in de onderbuik en indigestie. Er kan sprake zijn van symptomen als misselijkheid, geel zien, braken en een verstoorde spijsvertering die gepaard gaat met een stekende pijn onder het rechterschouderblad. Alle symptomen komen vooral voor aan de rechterkant van het lichaam en worden erger door weersveranderingen, bij warmte, in de middag rond vier uur en in de vroege ochtend rond vier uur. Ze verminderen door te eten en wanneer er stevige druk wordt uitgeoefend op het pijnlijke lichaamsdeel. Tevens door warme dranken of melk te drinken en na de stoelgang.

Mensen die goed op chelidonium reageren zijn vaak blond en slank en hebben een geelachtige of grauwe huid. Ze hebben een sombere natuur, zien zelden de zonnige kant van dingen en hebben een hekel aan intellectuele inspanning. Hoofdpijn komt bij hen veel voor en die zorgt voor een zwaar en lethargisch gevoel. Chelidonium-typen houden van warme dranken en kaas, en ze kunnen één warme en één koude voet hebben.

Het homeopathische middel wordt tevens uitwendig toegepast tegen wratten en deze eigenschap heeft de plant de naam 'wrattenkruid' bezorgd.

Cicuta virosa

Cicuta; waterscheerling, waterkervel

Deze plant is inheems in Canada, Noord-Amerika, Siberië en

sommige delen van Europa. Hij heeft uiterst giftige wortels, die als ze worden gegeten leiden tot spasmen, overmatige speeksel-productie, hyperventilatie en overvloedige transpiratie, vaak met een fatale afloop. Voor de bereiding van het homeopathische middel wordt de wortel benut.

Het middel dient ter behandeling van letsel en aandoeningen van het centraal zenuwstelsel. Vandaar dat het wordt aangewend bij spasmen en onwillekeurige spiertrekkingen, vooral wanneer het hoofd en de hals naar achteren bewegen, zoals bij epilepsie, door hoofdletsel, meningitis en zwangerschapseclampsie. De patiënt kan verward of geagiteerd zijn, ijlen en onbewust kreunen. De pupillen kunnen zeer sterk verwijd zijn. De symptomen ver-ergeren bij plotselinge beweging, bij kou en bij aanraken. Ze ver-minderen bij warmte en winden laten.

Mensen die gevoelig zijn voor dit middel kunnen trek hebben in stoffen die niet geschikt zijn voor consumptie.

Cinnamomum

Cinnamomum zeylanicum, kaneel

Er bestaan diverse soorten kaneel, maar de *Cinnamomum zeyla-nicum*-boom is een inheemse soort in Sri Lanka en wordt ook in diverse andere oosterse landen en in West-Indië gekweekt. De boom kan zo'n dertig meter hoog worden, bloeit met witte bloe-men en vormt later blauwe bessen. In de homeopathie wordt de bast van de uitlopers gebruikt, die wordt gedroogd en tot dunne bruine pijpjes gerold. Deze hebben een karakteristieke aangena-me en aromatische geur en kaneelpoeder wordt alom gebruikt als specerij in de keuken.

In de homeopathie wordt het middel aangewend om bloedin-gen, zoals een bloedneus, te behandelen, evenals braken, misse-lijkheid en diarree. Sommige symptomen kunnen worden ver-oorzaakt door stress of hysterie.

Clematis erecta

Clematis, bosrank

Deze giftige, overblijvende plant is inheems in veel Europese landen, kan ongeveer een meter hoog worden en heeft roodgroene bladeren en witte bloemen. De bladeren en bloemen zijn wanneer ze worden gekneusd bijtend en irriterend en leiden tot roodheid en blaren.

In de homeopathie wordt het middel voornamelijk gebruikt bij gonorroe, in combinatie met verstopping van de urinebuis en een trage urinestroom veroorzaakt door een ontsteking of littekens. Het middel kan ook bij andere ontstekingen van de urinewegen of geslachtsorganen worden gebruikt. Bovendien helpt het bij oogaandoeningen en zenuwpijn.

Cocculus
Kokkel

Dit middel, gemaakt van het lichaam van het hele schelpdier, wordt gebruikt tegen symptomen als misselijkheid, draaierigheid en duizeligheid. Vaak is tevens sprake van sombere gevoelens, en bij vrouwen zijn de symptomen sterker tijdens de menstruatie, die pijnlijk kan zijn en te vroeg kan komen.

Mensen die baat hebben bij dit middel zijn vaak praatziek en houden niet van strakzittende kleding.

Coffea arabia
Coffea; koffie

De koffieboom is inheems in Arabische streken, maar wordt al vele jaren ook in andere tropische landen gekweekt. Koffie wordt niet alleen al eeuwenlang gedronken, maar staat ook bekend om zijn stimulerende, pijnstillende en vochtafdrijvende eigenschappen. De plant heeft donkergroene glanzende bladeren (de boom is een groenblijver) en bloeit met fraaie witte bloemen. Later verschijnen er bessen, die als ze rijp zijn een oranjerode kleur hebben. Deze bessen bevatten de zaden oftewel de koffiebonen.

De bonen worden geroosterd om ze te kunnen gebruiken voor koffie, maar voor het Coffeamiddel gebeurt dat niet. Coffea wordt aangewend tegen slapeloosheid als het brein overactief is en de persoon in kwestie zich onvoldoende kan ontspannen om in slaap te vallen. Het is een nuttige remedie bij alle vormen van een te grote mate van enthousiasme en ook bij hevige pijn, zoals kiespijn, of een pijnlijke bevalling. De persoon in kwestie is erg gevoelig voor geluid, aanrakingen, gestoord worden en allerlei geuren. De symptomen verergeren bij koude wind, maar ze verminderen met warmte en wanneer de patiënt in een kalme en vredige omgeving rust neemt.

Colchicum autumnale

Colchicum; herfsttijloos, kale juffer, naakte begijntjes

Deze fraaie bloem komt voort uit een bol oftewel een ondergrondse verdikte stengel (stengelknol). De mooie lichtpaarse bloemen verschijnen in september en oktober (vandaar de naam) en de plant doet het goed op kalkgronden in heel Europa, delen van Azië, Noord-Amerika en Canada. Al van oudsher zijn de geneeskrachtige eigenschappen van de herfsttijloos bekend en met name Griekse artsen gebruikten de plant ter behandeling van pijnlijke reumatische en jichtige gewrichten. De plant is in grote doses giftig en irriterend en leidt tot braken, doordat hij inwerkt op de spijsverteringsorganen en nieren. Voor de bereiding van het homeopathische middel wordt de verse bol gebruikt.

Het middel dient ter behandeling van zeer pijnlijke jicht, vooral van de grote teen, en voor spijsverteringsstoornissen, zoals misselijkheid, diarree en pijn in het onderlichaam, die wordt verlicht als het lichaam voorover wordt gebogen. De symptomen verergeren bij koud en vochtig weer, vooral in de herfst, en bij lichaamsbeweging en aanraking. Ze verminderen bij warmte en rust in een kalme omgeving.

Conium maculatum

Conium; gevlekte scheerling

Deze uiterst giftige plant komt overal in Europa voor, evenals in delen van Azië, Canada, de Verenigde Staten en Zuid-Amerika. Hij wordt al eeuwenlang gebruikt en wordt beschreven in de geschriften van de oude Grieken en Romeinen, zoals Plinius en Dioscorides. Gevlekte scheerling werd toegepast als middel om misdadigers te executeren en Socrates werd gedwongen gif te drinken dat was gemaakt van gevlekte scheerling. Romeinse artsen gebruikten de plant om er uiteenlopende aandoeningen mee te behandelen, zoals tumoren en zwellingen aan de gewrichten en op de huid, borstkanker en leverziekten. Ook pasten zij het toe als kalmerend middel bij spasmen en disfunctioneren van de zenuwen en spieren. Aangezien het middel tot verlamming leidt, werd scheerling gebruikt als pijnstiller en ook om ongepaste seksuele gevoelens te beteugelen. De gevlekte scheerling kan ruim een meter hoog worden, heeft grote, gekartelde, groene bladeren en bloeit met witte bloemen. De stengels zijn paarsrood gevlekt, wat volgens één verhaal zou herinneren aan het merkteken op het voorhoofd van Kaïn, de eerste moordenaar.

Voor de bereiding van het homeopathische middel wordt het sap gebruikt dat uit de bladeren en stengels wordt gewonnen. Het dient ter behandeling van vergrote en verharde klieren, inclusief de prostaatklier, kankerachtige gezwellen en weefselknopen, vooral in de borst, en van pijnlijke borsten voor en tijdens de menstruatie of vanwege zwangerschap. Het middel is ook nuttig bij verlamming van zenuwen en spieren, zeker als die geleidelijk aan omhoog kruipt via de benen en waarbij de patiënt slecht tegen fel licht kan. Het middel werkt tegen vroegtijdige zaadlozingen en duizeligheid die toeneemt als de patiënt gaat liggen of zijn hoofd beweegt. Over het algemeen verergeren de symptomen als de libido wordt onderdrukt, maar ook door overmatige seksuele activiteit. Ook kijken naar een bewegend voorwerp en het nuttigen van alcohol doen de patiënt geen goed. De symptomen verminderen wanneer er enige tijd druk wordt uitgeoefend op het pijnlijke lichaamsdeel, bij duurzame, lichte lichaamsbeweging en door winden te laten.

Mensen die baat hebben bij conium hebben vaak nogal starre en beperkte ideeën en hebben niet veel interesse voor de buitenwereld, wat leidt tot somberheid, verveling en apathie. Deze gevoelens kunnen ontstaan ofwel door te grote toegeeflijkheid aan seksuele gevoelens, ofwel door te weinig seksuele activiteit. Conium-mensen kunnen niet goed tegen gedwongen celibatair zijn.

Crocus sativus

Crocus, saffraancrocus, saffraan

Crocus sativus is een inheemse plant in westelijke streken van Azië, maar wordt al lange tijd in heel Europa gekweekt, vooral in Spanje. De drie lange, diep oranjerode stempels binnenin de bloem van de crocus zijn de leverancier van saffraan, dat al van oudsher als medicijn wordt gebruikt. Saffraan wordt in het Oude Testament genoemd en werd beschreven door Hippocrates als een stof met liefdesopwekkende en purgerende eigenschappen. Het middel werd gebruikt ter behandeling van bloedingen van de baarmoeder en langdurige en pijnlijke bevallingen, evenals bij leveraandoeningen. Door de hele geschiedenis heen is het voor vele uiteenlopende lichamelijke en geestelijke aandoeningen aangewend.

In de homeopathie dient saffraan om menstruatiestoornissen en neusbloedingen tegen te gaan en ook ter verlichting van emotionele symptomen, zoals huilerigheid, somberheid en stemmingswisselingen. De symptomen worden erger in een warme, benauwde omgeving en bij luisteren naar muziek. Ze verminderen in de frisse buitenlucht en na het nuttigen van een ontbijt.

Crotalus homolus

Crotalus hor.; gif van de ratelslang

Iedereen kent de ratelslang en zijn bekendheid strekt zich uit tot ver buiten zijn natuurlijke habitat in de droge, semi-woestijnachtige streken van de Verenigde Staten, Canada, Mexico en Zuid-Amerika. Zijn opvallendste kenmerk is het ratelende geluid dat hij kan voortbrengen wanneer hij wil waarschuwen, geprikkeld wordt of op het punt staat aan te vallen. Het dier is wijd en zijd afgebeeld en beschreven in boeken, films en natuurprogramma's. De slang kan een krachtig gif afscheiden dat hij gebruikt om zijn prooi mee te verlammen. In 1837 werd dit gif door de uitnemende Amerikaanse homeopaat dr. Constantine Hering onderzocht en beproefd.

In de moderne homeopathie wordt het middel gebruikt ter behandeling van ernstige aandoeningen, zoals beroertes die de rechterkant van het lichaam treffen, symptomen van leverin-sufficiëntie zoals geelzucht en oedeem, kanker en hartziekten. Het middel kan bloedingen uit een natuurlijke lichaamsopening stelpen en wordt gebruikt tegen septikemie (bloedvergiftiging), shock en collaps of flauwvallen. De symptomen verergeren wan-neer de patiënt op zijn linkerzij gaat liggen en als hij strakke kle-ding draagt die hem in zijn bewegingen belemmert. Bij vochtig en warm weer verergeren de symptomen eveneens, maar ze ver-minderen in de frisse, schone en droge buitenlucht.

Croton tiglium
Croton-oliezaden

De croton, een kleine, heesterachtige struik, is inheems in de kuststreken van India en Azië en produceert vruchten die elk één zaadje bevatten dat rijk is aan olie. Croton-olie wordt verkregen door de rijpe zaden te persen en in pure vorm is de olie bij inwen-dig gebruik een sterk purgerend middel, dat tot koliekachtige pij-nen in het onderlichaam, diarree en braken leidt. Meer dan één kleine dosis kan zelfs fataal zijn. Uitwendig toegepast leidt cro-ton-olie tot irritatie en blaarvorming op de huid. In de kruidenge-neeskunde wordt de olie gebruikt als middel tegen hevige consti-patie, vaak in combinatie met wonderolie, en tevens als middel tegen reuma, bronchitis en andere aandoeningen.

In de homeopathie dient croton-olie ter behandeling van ern-stige spijsverteringsstoornissen die gepaard gaan met koliekach-tige pijnen in het onderlichaam, overvloedige, waterige diarree en braken. Tevens wordt het aangewend bij ontstekingen van de huid waarbij de huid rood ziet, warm aanvoelt en blaren vormt.

Cyclamen europaeum
Cyclaam; varkensbrood

Er bestaan diverse soorten cyclaam, waarvan vele inheems zijn in de warmere landen van Zuid-Europa en Noord-Afrika. De plant heeft een grote, dikke bruine wortel. De naam varkensbrood is ontstaan vanwege het feit dat deze knollen werden gegeten door wilde zwijnen. Cyclaam werd door artsen van het antieke Griekenland en het oude Rome gebruikt, en ook in Arabische landen. De plant diende om aandoeningen van de lever en milt mee te behandelen, zoals geelzucht en hepatitis, en om bij vrouwen de menstruatie te reguleren. De cyclaam bloeit met zeer fraaie, roze bloemen, elk gedragen door een enkele, stevige en vlezige stengel, en diverse variëteiten zijn in trek als kamerplant. De verse wortel is uiterst scherp en werkt als purgeermiddel. Voor dit doel wordt hij dan ook in de kruidengeneeskunde aangewend.

Voor de bereiding van het homeopathische middel wordt het sap van de verse wortel gebruikt. Het wordt gebruikt om een onregelmatige menstruatiecyclus bij vrouwen te behandelen en bewijst tevens zijn nut bij de behandeling van schroeiende, hete pijnen in de spieren of op de huid, en bij ernstige migraineachtige hoofdpijnen waarbij het zicht wordt aangetast.

Mensen die baat hebben bij dit middel kunnen trek hebben in vreemde dingen die ongeschikt zijn voor consumptie. Ze zijn in de regel somber van aard en worden verteerd door schuld- of spijtgevoelens. De symptomen verminderen door lichaamsbeweging en door te huilen, maar ook in de frisse buitenlucht.

Datura stramonium
Stramonium; doornappel

Er bestaan vele Datura-soorten, die overal ter wereld voorkomen, en ze zijn allemaal giftig en hebben een uiterst bedwelmende werking. Datura stramonium wordt aangetroffen in Europa, Noord-Amerika en Azië en groeit vaak als onkruid op braakliggend terrein. Het is een grote, struikachtige plant, meestal van een meter of hoger, die bloeit met grote witte bloemen. Later ontstaan er kiezelsteengrote zaadhulzen die worden beschermd door doorns. Als ze rijp zijn, komen de zwarte of donkerbruine zaden tevoorschijn. De bloemen ruiken aangenaam, maar de rest van de plant, met name de bladeren, geeft een nare geur af die grazende dieren afstoot.

In de kruidengeneeskunde wordt de datura al honderden jaren gebruikt. Inhalatie van de rook van de brandende plant werd beschouwd als een remedie tegen astma en voor dit doel werd een soort sigaretten van de bladeren gemaakt. Datura-preparaten werden uitwendig toegepast ter verlichting van pijnlijke reuma, zenuwaandoeningen zoals ischias, aambeien, abcessen en steenpuisten, en andere infecties. Tevens is de plant gebruikt als kalmerend middel. In het middeleeuwse Europa aten soldaten datura voordat ze ten strijde trokken om hun angsten te bezweren.

Voor het homeopathische middel wordt het sap uit de groene delen van de plant gebruikt voordat deze tot bloei komt. Het middel wordt aangewend ter behandeling van aandoeningen van het zenuwstelsel en is een nuttige remedie bij kinderziekten. Tot de symptomen behoren spiertrekkingen, spasmen en krampen, stuiptrekkingen vanwege epilepsie, hoge koorts bij kinderen, of meningitis en beroertes. Tevens is het middel aan te raden bij lichamelijke symptomen die zich voordoen bij mensen die een ernstige schok hebben gehad of angstig zijn geweest. Bovendien helpt het bij kinderen tegen nachtmerries, grote angsten en geestelijke geagiteerdheid. Een kind kan bang zijn voor het donker en voor nachtelijke monsters. Een volwassene kan bang zijn voor water of een onverklaarbare angst koesteren dat hij of zij met geweld te maken krijgt.

De patiënt heeft vaak veel trek in zure dranken en heeft overmatige dorst. De symptomen verergeren als de patiënt alleen wordt gelaten en nadat deze heeft geslapen. Het gaat ook slechter wanneer hij of zij vloeistof of voedsel probeert door te slikken en als het bewolkt weer is. De symptomen verminderen als de patiënt wordt gerustgesteld en gezelschap heeft van anderen, vooral als de omgeving licht, luchtig en warm is.

Delphinium staphysagria
Staphysagria; ridderspoor

Deze plant heeft wat medicinale toepassingen betreft een lange geschiedenis, die teruggaat tot de antieke Griekse en Romeinse beschavingen. Ridderspoor werd zowel door Dioscorides als door Plinius beschreven. Ridderspoor werd uitwendig gebruikt tegen parasieten, zoals luizen, en ter behandeling van insectenbeten en –steken. Deze toepassingen zijn door de geschiedenis heen gelijk gebleven. De plant is uiterst giftig en eten ervan leidt ook in kleine hoeveelheden tot braken en diarree doordat hij als purgeermiddel werkt. Staphysagria, een grote eenjarige plant met harige stengels en bladeren, kan ruim een meter hoog worden en is inheems in zuidelijke Europese en Aziatische landen. Hij bloeit met toortsen vol lichtblauwe of paarse bloemen. Later vormen zich de zaadpeulen met de donker gekleurde zaden. De zaden zijn het gedeelte dat zowel in de kruidengeneeskunde als in de homeopathie wordt gebruikt.

Met het homeopathische middel worden zenuwpijnen behandeld, maar ook kiespijn, pijn aan operatiewonden, drukkende hoofdpijn, ontsteking en infectie van de ogen of oogleden, zoals strontjes en blepharitis (ontsteking van de ooglidranden), blaasontsteking en pijnlijke seksuele gemeenschap bij vrouwen. Tevens kan het middel worden toegediend bij pijn bij kleine kinderen wanneer ze tandjes krijgen, en bij prostaataandoeningen bij mannen.

Meestal zijn mensen die baat bij dit middel hebben typen die hun woede of wrok onderdrukken en die prikkelbaar kunnen zijn. De symptomen verergeren als gevoelens worden onderdrukt, na slapen in de middag en na het nuttigen van het ontbijt. Ze verminderen met warmte en door uiting te geven aan emoties. Mensen die gevoelig op ridderspoor reageren lijken van buitenaf gelijkmatig en mild, maar zieden inwendig van de onderdrukte emoties, met name woede. Ze koesteren al snel een wrok als ze beledigd menen te zijn, ze zijn tamelijk gedreven en kunnen workaholics zijn. Ze hebben vaak een groot libido en onderdrukken hun emoties omdat ze bang zijn hun zelfbeheersing te verliezen, zeker ten overstaan van anderen. Hun lichamelijke uitscheidingsproducten kunnen onaangenaam ruiken en ze houden van alcohol en zoet voedsel.

Digitalis purpurea
Digitalis; vingerhoedskruid
Het opvallende en fraaie vingerhoedskruid, met zijn donkerroze tot paarse, lange en klokvormige bloemen, is in veel Europese

landen een bekende plant. De Latijnse naam *Digitalis* ontstond halverwege de zestiende eeuw en is afgeleid van *digitabulum* dat 'vingerhoed' betekent. De plant werd vroeger gebruikt om er wonden en kwetsuren mee te behandelen, maar pas in 1785 ontdekte dr. William Withering dat vingerhoedskruid ook kon worden aangewend bij de behandeling van waterzucht (oedeem of vochtretentie, wat een bijverschijnsel kan zijn van hartziekte).

Zowel in de moderne, reguliere geneeskunde als in de homeopathie is de belangrijkste toepassing ervan nog steeds als remedie tegen hartaandoeningen. Voor de bereiding van het homeopathische middel wordt het sap gebruikt dat in de lente uit de verse, groene bladeren wordt gewonnen. Het middel dient ter behandeling van een trage, zwakke of onregelmatige hartslag, zoals die kan samengaan met een hartverlamming, en van andere hart- en vaataandoeningen. De patiënt heeft vaak het gevoel dat zijn of haar maag naar beneden beweegt, zoals bij angst het geval kan zijn, en kan het idee krijgen dat zijn hart straks helemaal zal ophouden met kloppen. Er kunnen andere symptomen optreden, vooral in verband met lever of nieren. De symptomen verergeren door te luisteren naar muziek, door te eten en door rechtop te zitten. Ze verminderen in de frisse buitenlucht en door niet te eten.

Mensen die baat hebben bij dit middel kunnen misselijk worden wanneer ze voedsel zien.

Dioscorea villosa
Dioscorea; yam

Deze winterharde plant is inheems in Canada en de Verenigde Staten, hoewel er in de meeste tropische landen vele andere variëteiten voorkomen. Hij heeft de eigenschap zich met zijn lange, gedraaide en vertakte stam omhoog te slingeren. De wortel is het deel dat in de homeopathie wordt gebruikt.

Preparaten hiervan werken in op de gladde spier van het spijsverteringskanaal en temperen krampen. Vandaar dat het middel wordt aangewend ter behandeling van krampachtige koliekpijnen, galkoliek, ochtendmisselijkheid bij zwangere vrouwen, winderigheid en diarree. Andere soorten krampachtige pijn, zoals zenuwpijn, kunnen eveneens met dit middel worden tegengegaan. De symptomen worden verlicht door lichte lichamelijke inspanning en beweging.

Duboisia myoporoides
Duboisia; kurkhoutboom

Deze grote struik of kleine boom is inheems in Australië, bloeit met grote witte bloemen en heeft groene bladeren, die voor de bereiding van het homeopathische middel worden geoogst wanneer de plant bloeit. Het middel werkt in op het centraal zenuwstelsel en heeft een slaapverwekkend en kalmerend effect. Aangebracht op het oog leidt het tot een abnormale verwijding van de pupil (mydriasis).

In de homeopathie dient het middel tegen oogaandoeningen, vooral wanneer er een of meer rondzwevende rode vlekjes het gezicht verstoren. Tevens wordt het toegediend bij pijnlijke, geïrriteerde en ontstoken ogen, zoals bij bindvliesontsteking (conjunctivitis). Het kan worden aangewend bij symptomen van duizeligheid of wanneer de patiënt tekenen van geestelijke verwarring vertoont.

Dryopteris filix-mas
Mannelijke schildvaren

Dit is een veelvoorkomende varen in Europa en vele andere landen met een gematigd klimaat. De plant heeft een houtige, korte wortelstok of ondergrondse stengel vlak onder het grondoppervlak, met aan de onderkant daarvan een wirwar van wortels. Dit gedeelte wordt geoogst en gedroogd, en wordt zowel in de kruidengeneeskunde als in de homeopathie gebruikt. De wortel bevat de vloeistof oleoresine en is al van oudsher bekend om zijn ontwormende eigenschappen.

Het middel is dan ook vooral nuttig tegen lintworm. Dioscorides beschreef een methode om de wortel van de varen hiervoor te gebruiken en dat gebeurt ook tegenwoordig nog. Als sprake is van een lintworm zal de patiënt niet veel symptomen vertonen, maar wel treden krampen in het onderlichaam, jeuk en licht bloedingen op. Eén dosis is in de regel voldoende. De schildvaren wordt ook in de diergeneeskunde toegepast.

Elaps corallinus
Corallinus; koraalslang
De aantrekkelijk ogende koraalslang is een inheems dier in Noord- en Zuid-Amerika, met name in Brazilië en Canada. De slang heeft brede, rode banden en smallere, blauwe banden over zijn hele lichaam, die van elkaar worden gescheiden door witte strepen.

Het homeopathische middel wordt bereid uit het verse slangengif en dient ter behandeling van bloedingen en beroertes. Tot de soorten bloedingen die ermee kunnen worden verholpen behoren neusbloedingen, zware menstruatiebloedingen (menorrhagie) en bloedende aambeien. Tevens is het middel werkzaam bij beroertes die de rechterkant van het lichaam treffen. De patiënt heeft het inwendig koud en drinkt graag koele dranken. Maar koud voedsel en koude dranken, vochtig weer voorafgaand aan een onweersbui en te veel warmte in bed maken de symptomen erger. Dat geldt ook wanneer de patiënt op zijn of haar buik gaat liggen of rondloopt.

De symptomen verminderen over het algemeen tijdens de nacht en als de patiënt zich rustig houdt. Mensen die baat hebben bij koraalslang zijn meestal bang voor slangen, vrezen te worden alleen gelaten en houden niet van regen. Ze zijn bang voor de dood en voor de mogelijkheid een beroerte te krijgen.

Equisetum hiemale, Equisetum arvense
Equisetum; paardenstaart, akkerpaardenstaart, heermoes, eunjer, holpijp
De paardenstaarten vormen een oeroude groep planten die afstammen van de soorten die tijdens het geologische tijdperk, het Carboon, ook al voorkwamen. *Equisetum arvense* is de soort die het meest voorkomt en die in vele landen over de hele wereld te vinden is. *Equisetum hiemale* groeit in China en andere oosterse landen.

Paardenstaarten ontwikkelen twee soorten stengels: vruchtbare en steriele, die geleed en hol zijn. Er zijn geen bladeren, maar de plant bestaat uit lange groene punten. De vruchtdragende of vruchtbare stengels, die vroeg in het seizoen verschijnen vóór de steriele stengels, hebben een kegelvorm met aan het eind talrijke sporen. De stengels van de paardenstaart bevatten kiezel, en vroeger werden de planten dan ook gebruikt om voorwerpen te polijsten en schoon te maken. De medicinale geschiedenis van de paardenstaart gaat ver terug in de tijd. De plant werd beschreven door Dioscordides als een goed middel om wonden te genezen. Terwijl de plant nog steeds wordt gebruikt tegen verwondingen en zweren, geloofde men ook dat de paardenstaart kon worden aangewend om breuken te genezen en bij darm- en nieraandoeningen. In de moderne kruidengeneeskunde wordt het middel gebruikt bij nieraandoeningen en vochtretentie (oedeem), aangezien het zowel vochtafdrijvende als adstringerende eigenschappen heeft.

Voor de bereiding van het homeopathische middel worden de verse delen van de plant gebruikt. Dit middel wordt toegediend bij een overgevoelige blaas. De symptomen lijken op die van blaasontsteking, maar dan zonder dat er sprake is van een infectie. De blaas voelt voortdurend vol aan en is pijnlijk en trekkerig. De patiënt heeft almaar het idee dat hij moet plassen, maar de urine komt slechts in kleine hoeveelheden vrij, en er treedt elke keer pijn op bij het plassen. Er kan ook pijn in de nieren aan te pas komen, evenals lichte incontinentie.

Paardenstaart is een nuttige remedie voor kinderen die in bed plassen als ze onrustig slapen of nachtmerries hebben. De symptomen verergeren als er druk wordt uitgeoefend op het pijnlijke deel en bij aanraking, lichamelijke inspanning of beweging. Ze verminderen wanneer de patiënt zich rustig houdt en op zijn rug gaat liggen.

Euonymus atropurpurea
Euonymus; kardinaalsmuts, kardinaalshoed
Deze struik is inheems in de Verenigde Staten en wordt een klei-

ne twee meter hoog. Hij bloeit met fraaie, donkerpaarse bloemen en heeft donkergroene bladeren met een zweem paars aan de rand. In de homeopathie wordt de bast van de wortels en stengels gebruikt, en in kleine doses heeft die een stimulerende werking op de spijsvertering. Maar grote doses leiden tot irritatie en een purgerend effect. In de kruidengeneeskunde wordt kardinaalsmuts zeer gewaardeerd omdat de plant de lever stimuleert en de galstroom opwekt.

Het homeopathische middel wordt aangewend bij spijsverteringsstoornissen die gepaard gaan met een opgeblazen gevoel, pijn in het onderlichaam en opgezette voeten en enkels vanwege vochtretentie (oedeem). Er kan sprake zijn van een geïrriteerde maag (gastritis), in combinatie met diarree of bloed in de ontlasting. Het middel wordt tevens gebruikt bij geestelijke symptomen, zoals prikkelbaarheid of verwarring.

Euonymus europea
Euonymus; wilde kardinaalsmuts, kardinaalshoed
Deze plant, een andere Euonymus dan de Euonymus atropurpurea, groeit in bossen en heggen op de Britse eilanden en in andere Europese landen. Hij bloeit met groepjes witte bloemen die vroeg in de zomer groenig zijn. Later vormen zich felrode vruchten met oranje zaadjes. De bladeren, vruchten en bast zijn allemaal schadelijk en worden door grazende dieren niet aangeraakt. De vruchten kunnen als ze worden gegeten misselijkheid en diarree opwekken. Voor de bereiding van het homeopathische middel worden de zaden gebruikt.

Het middel wordt gebruikt bij spijsverteringsstoornissen die gepaard gaan met hevige pijnen en overvloedige diarree. Tevens is het toe te passen bij symptomen van angina, ook als sprake is van beklemmende pijn op de borst en van benauwdheid. De symptomen treden veelal voornamelijk aan de linkerkant van het lichaam op.

Eupatorium perfoliatum
Eupator; leverkruid

Deze winterharde plant is inheems in Noord-Amerika, waar hij veel voorkomt in vochtige streken die laag gelegen zijn. Het is in de kruidengeneeskunde een heel belangrijke plant, die al van oudsher om zijn geneeskrachtige eigenschappen wordt gewaardeerd, eerst door de inheemse indianen en later door de Europese en Afrikaanse kolonisten. Hij heeft een dikke, harige stengel en bloeit in de zomermaanden met overvloedige witte bloemen. Preparaten van de plant werken in kleine doses als tonicum of als stimulerend middel in op het spijsverteringsstelsel. Maar grote doses kunnen misselijkheid en diarree veroorzaken en hebben een purgerend effect. Leverkruid wordt tevens aangewend vanwege zijn koortsverlagende eigenschappen en is bovendien een middel dat de transpiratie bevordert (diaforetische werking).

Voor de bereiding van het homeopathische middel worden de hele groene plant en de bloemen benut; het wordt gegeven bij koorts, zoals die optreedt bij verkoudheid en griep. De patiënt heeft veel trek in ijskoude dranken en koud voedsel zoals ijs, en kan last hebben van een pijnlijke, droge hoest. De symptomen verergeren bij lichamelijke inspanning en beweging en in de ochtend tussen zeven en negen uur. Ze verminderen als de patiënt binnenblijft, praat met andere mensen of gal spuwt.

Ferrum metallicum
Ferrum met.; ijzer

IJzer is een heel belangrijk mineraal in het lichaam en het maakt deel uit van de hemoglobinemoleculen. Hemoglobine is het ijzerbevattende pigment in de rode bloedlichaampjes dat zich in de longen aan zuurstof bindt en van daaruit naar alle cellen en weefsels wordt getransporteerd. Is er sprake van een tekort aan ijzer in het bloed, wat vele verschillende oorzaken kan hebben, dan is bloedarmoede het gevolg. De patiënt wordt bleek, vermoeid en kortademig, vooral wanneer hij of zij zich op enigerlei wijze inspant. Bovendien kunnen de lichaamsstelsels niet meer goed functioneren. IJzer wordt zowel in de reguliere geneeskunde als in de homeopathie alom gebruikt. Het wordt gewonnen uit ijzererts. Vooral hematiet, een roodgekleurde, bolvormige afzetting die in diverse soorten gesteente wordt aangetroffen, is rijk aan dit mineraal. Vooral in Noord-Amerika, Canada en Venezuela komt het veel voor.

Het homeopathische middel wordt gebruikt bij doorbloedingsstoornissen en bloedarmoede. De patiënt voelt zich veelvuldig moe en lusteloos, ziet er bleek uit, is rillerig en kan last hebben van koude handen en voeten, maar is tegelijkertijd rusteloos. Hij of zij raakt snel uitgeput en hijgt bij lichamelijke inspanning. De vermoeidheid kan tot prikkelbaarheid leiden, tot somberheid en tot stemmingswisselingen.

Mensen die goed op ijzer reageren, zijn vaak stevig gebouwd en lijken robuust, maar lijden aan de boven beschreven symptomen. Ze houden niet van voedsel dat veel vet of cholesterol bevat, maar wel van ingelegde en zure gerechten. Ze kunnen allergisch zijn voor eieren en zijn dol op tomaten.

Fluoricum acidum

Fluor. ac.; hydrofluoridezuur

Hydrofluoridezuur heeft diverse industriële toepassingen, voornamelijk bij de fabricage van metalen en glas, waar het wordt gebruikt als schoonmaakmiddel en etsvloeistof. De zure vloeistof wordt verkregen via een distillatieproces van zwavelzuur en calciumfluoride, waarbij hydrofluoridegas ontstaat. Wanneer dit gas door water wordt geleid, lost het op en levert het hydrofluoridezuur, dat fluor bevat. Fluor is een belangrijk bestanddeel van tanden, kiezen en botten, en is een stof die versterkend werkt.

Het homeopathische middel wordt gebruikt bij aandoeningen van bindweefsel, botten, tanden en kiezen. Spataderen en daarmee verband houdende zweren aan de benen, botpijn en tumoren, en rottende, zacht geworden tanden en kiezen kunnen allemaal met hydrofluoridezuur worden tegengegaan.

Mensen die geschikt zijn voor dit middel zijn vaak vrij egoïstisch ingesteld en zijn niet geneigd zich erg met anderen bezig te houden. Ze zijn mondain en materialistisch en hebben de neiging geld als maatstaf te hanteren voor succes in het leven. Hydrofluoridezuur-mensen hebben weinig spirituele en emotionele diepgang, en kunnen een sterk libido hebben. Ze kunnen toe met zeer weinig slaap, zijn erg actief en voelen zich zelden koud of vermoeid.

Formica rufa
Rode mier

Het homeopathische middel wordt verkregen uit het gekneusde lichaam van de rode mier. Het dient ter behandeling van aandoeningen waarbij sprake is van hete, brandende, stekende pijnen die de gewrichten kunnen treffen, zoals bij artritische, reumatische en jichtachtige aandoeningen het geval is. Het middel wordt tevens aangewend tegen zware hoofdpijn en een verdoofd gevoel in het gezicht. De patiënt kan er moeite mee hebben zich te concentreren, kan vaag doen of licht vergeetachtig zijn.

Fragaria vesca
Wilde aardbei, bosaardbei

Deze plant is inheems in de meeste Europese landen. De wilde aardbei is een lage, kruipende plant met een wirwar van stengels en bladeren en witte bloemen. Later ontwikkelen zich kleine rode vruchten die zijn overdekt met zaadjes. De vruchten smaken en geuren heerlijk en worden al van oudsher gegeten. De vruchten, en ook de bladeren, worden al honderden jaren voor medicinale doeleinden aangewend. De plant heeft vochtafdrijvende, adstringerende en laxerende eigenschappen. Aardbeipreparaten werden vroeger aangewend tegen niersstenen en aandoeningen van de urinewegen, wonden, jicht, tandbederf en diarree. Bij zonnebrand wordt de pijn verlicht door met doorgesneden aardbeien over de huid te wrijven. Aardbeien verwijderen eveneens vlekken op de tanden.

Het homeopathische middel wordt gebruikt om allergische reacties op aardbeien te verlichten, zeker als daarbij sprake is van huiduitslag en jeuk. Aardbei wordt tevens aangewend bij nier- en galstenen, tandaanslag, winterhanden en wintervoeten en bij zonnebrand.

Fraxinus americana
Amerikaanse es
De es van het genus *Fraxinus* wordt in veel landen gebruikt vanwege zijn geneeskrachtige eigenschappen. Diverse delen van de plant worden benut, voornamelijk de bast, de bladeren, de vruchten en de gevleugelde zaadjes. Voor de bereiding van het homeopathische middel wordt de bast van de Amerikaanse es gebruikt, die in de Verenigde Staten groeit.
Het middel heeft adstringerende en versterkende eigenschappen. In de homeopathie wordt het aangewend ter behandeling van baarmoederverzakkingen die gepaard gaan met een trekkende pijn in het onderlichaam, en ook bij de behandeling van vleesbomen.

Gentiana cruciata
Kruisbladgentiaan
Er bestaan vele gentiaansoorten die in vele landen in de wereld voorkomen. Bij alle variëteiten is de plant zelf, en met name de wortel, erg bitter. Deze wortel wordt aangewend als versterkend middel. De kruisbladige gentiaan, met bladeren die in de vorm van een kruis groeien, dient in de kruidengeneeskunde ter behandeling van hondsdolheid (rabiës).
In de homeopathie wordt voor het middel de wortel als basis gebruikt. Het wordt gegeven bij keelpijn of heesheid, maagslijmvliesontsteking (gastritis) en infecties van de maag, koliekpijnen, misselijkheid, diarree en hernia.

Gentiana lutea
Gele gentiaan
De gele gentiaan is inheems in de bergachtige, alpine en semi-alpine weiden van Europa, hoewel deze plant niet inheems is op de Britse eilanden. De wortel kan meer dan dertig centimeter lang worden en de stengel wordt wel een meter of hoger. De bladeren zijn geelgroen van kleur en de plant bloeit met fraaie en grote, diep oranjegele bloemen. De wortel wordt geoogst en gedroogd om er geneesmiddelen van te maken en wordt al van oudsher be-

nut vanwege zijn bittere en versterkende eigenschappen. In de homeopathie dient gele gentiaan als remedie bij spijsverteringsstoornissen en maagslijmvliesontsteking (gastritis), die gepaard gaan met hevige pijnen in het onderlichaam, misselijkheid, braken en diarree, brandend maagzuur en een opgeblazen gevoel.

Glonoinum

Glonoïne; nitroglycerine, glyceroltrinitraat

Deze stof, die de vorm heeft van een heldere, giftige, olieachtige vloeistof, wordt verkregen via een chemisch proces en werd halverwege de negentiende eeuw ontdekt door een Italiaans scheikundige. De stof wordt verkregen door bepaalde hoeveelheden zwavelzuur en salpeterzuur te vermengen en er vervolgens glycerine aan toe te voegen. Door kiezelgoer (kiezelaarde, diatomiet; een natuurlijke sedimentafzetting bestaande uit skeletten van piepkleine zeediertjes die diatomeeën heten) toe te voegen aan nitroglycerine ontstaat dynamiet. De samenstelling van dit zeer gevaarlijke explosief werd in 1867 voor het eerst door de eminente Zweedse wetenschapper Alfred Nobel geformuleerd. Nitroglycerine heeft een sterke invloed op het hart en de bloedcirculatie en wordt in de reguliere geneeskunde gebruikt als remedie tegen de symptomen van angina.

In de homeopathie wordt het middel ook aangewend bij symptomen die de bloedcirculatie en het hoofd betreffen en die worden veroorzaakt door een plotselinge toename van de bloedstroom. Hiertoe behoren een gevoel van congestie in het hoofd in combinatie met een kloppende, zware hoofdpijn, opvliegers en transpiratieaanvallen. De patiënt probeert soms de pijn te verlichten door het hoofd tussen de handen te nemen. Tevens wordt het middel aangewend bij de behandeling van oververhitting en de vroege symptomen van een zonnesteek. De symptomen verergeren door alle soorten beweging, vooral als het hoofd wordt gedraaid, en door warmte. Ze worden verlicht door kou en koele, frisse buitenlucht.

Helleborus niger
Helleborus; kerstroos, roos van Bethlehem
De kerstroos is een zeer giftige plant die in het wild voornamelijk voorkomt in bergachtige streken in Zuid-, Midden- en Oost-Europa. Het is tevens een tuinplant. De naam 'zwarte helleborus' is afkomstig van de wortel. De plant bloeit hartje winter – vandaar de associatie met Kerstmis en Christus. De plant heeft grote, getande, donkergroene bladeren en witte bloemen met een roze waas, maar het zijn de donker gekleurde wortelstok en wortel die voor de bereiding van homeopathische middelen worden gebruikt. De kerstroos is al sinds de oudheid bekend en wordt door Plinius beschreven. Hij werd gebruikt tegen diverse aandoeningen bij vee en andere huisdieren, en heeft een sterke purgerende en bedwelmende werking. Tevens werkt de helleborus in op de nieren, het hart en de baarmoeder.

In de homeopathie wordt het middel gebruikt bij de behandeling van zware hoofdpijnen die gepaard gaan met een stekende pijn. Deze pijn kan te maken hebben met in het verleden opgelopen hoofdletsel. Er kan zelfs sprake zijn van geestelijke verwardheid, stemmingswisselingen of spasmen, zoals bij epilepsie. Lichte bewegingen maken de symptomen erger, evenals koude luchtstromen.

Hydrastis canadensis
Hydrastis; Canadese geelwortel
Deze plant, uit de familie van de ranonkelachtigen, is inheems in Canada en het oosten van de Verenigde Staten. De geelwortel heeft een lange geschiedenis als medicinaal middel: eerst door de indianen, met name de Cherokees, en later door de Europeanen. Het is een kleine, vaste plant die zo'n tien tot vijftien centimeter hoog wordt en bloeit met groenwitte bloemen. Na de bloeitijd verschijnen er niet-eetbare vruchten die op frambozen lijken. Het geelbruine wortelstelsel is knoestig en warrig; hieruit wonnen de indianen een verfstof om hun kleding en huid te kleuren. De verse wortel of wortelstok (ondergrondse stam) is het deel dat in de geneeskunde wordt gebruikt. De indianen wendden dit middel

aan tegen spijsverteringsstoornissen, leveraandoeningen, oog-irritaties, zweren, kanker, hartaandoeningen en koorts. De plant werkt vooral in op de slijmvliezen, zodat die zinvol kan worden aangewend bij verkoudheid, en heeft versterkende, zuiverende en adstringerende eigenschappen.

Het homeopathische middel werd in 1875 onderzocht en beproefd door de Amerikaanse homeopaat dr. Hale, hoewel de plant al vanaf het midden van de achttiende eeuw in Europa bekend was. In de homeopathie wordt het middel gebruikt bij aandoeningen van de slijmvliezen, zoals infecties van de neus, keel en borst. De patiënt produceert een dik, geelachtig slijm en kan keelpijn en andere klachten hebben. Het middel wordt tevens aangewend bij spijsverteringsstoornissen waarbij sprake kan zijn van aanhoudende constipatie, misselijkheid, braken en verlies van eetlust en lichaamsgewicht.

Het is zeker aan te bevelen als versterkend middel voor mensen die door een lange en zware ziekte zijn verzwakt. De symptomen verergeren in de avond en nacht en wanneer de patiënt in de koude buitenlucht is. Ze worden verlicht door rust en in een kalme en warme omgeving.

Hyoscyamus niger

Hyoscyamus; bilzekruid, malwillempjeskruid, dolkruid
Bilzekruid komt voor in heel Europa en westelijk Azië en is ook in Noord-Amerika, Canada en delen van Zuid-Amerika, zoals Brazilië, geïntroduceerd en inheems geworden. Men vermoedt dat de Romeinen het naar Engeland en andere Europese landen hebben gebracht, en het kruid wordt zowel door Dioscorides als door Plinius beschreven. De plant is giftig, bedwelmend en verdovend, en werd in de oudheid door artsen gebruikt om slaap te bevorderen en pijn te verlichten. Bilzekruid komt zowel als eenjarige als als tweejarige plant voor. Beide vormen worden in de geneeskunde gebruikt, hoewel de tweejarige variëteit meestal de voorkeur heeft. De middelen die eruit worden bereid, hebben een bedwelmende, slaapverwekkende en krampwerende werking en worden in de conventionele geneeskunde gebruikt tegen spasmen van het spijsverteringskanaal.

Voor de bereiding van het homeopathische medicijn wordt het sap dat uit de hele verse, bloeiende plant wordt gewonnen, benut. Het middel wordt aangewend bij geestelijke en emotionele problemen. Tot de symptomen behoren paranoia en achterdocht jegens anderen, onredelijk gedrag en jaloezie, waanvoorstellingen, agressieve uitbarstingen en het gebruik van scheld- en schuttingtaal. Bilzekruid wordt ook gebruikt ter verlichting van lichamelijke symptomen zoals spiertrekkingen en krampachtige, telkens terugkerende pijnen die kunnen samengaan met epilepsie, aandoeningen van het spijsverteringsstelsel en de blaas. De symptomen verergeren als de patiënt gaat liggen en wordt aangeraakt, als hij wordt toegedekt en bij emotionele beroering. Ze worden verlicht als de patiënt rechtop gaat zitten.

Iberis amara

Iberis; bittere scheefbloem, scheefkelk, zilverkelkje
Deze kleine, bloeiende eenjarige plant komt door heel Europa voor en is een bekende tuinplant. De plant kan zo'n vijftien centimeter hoog worden en bloeit in de zomermaanden met witte of roze bloemen. In de kruidengeneeskunde worden alle delen van de plant gebruikt, maar voor de bereiding van de homeopathische tinctuur worden alleen de zaden geoogst.

Het middel werd onderzocht en beproefd door de Amerikaanse homeopaat dr. Edwin Hale, en het wordt aangewend bij de behandeling van hartaandoeningen. Het kan worden gegeven bij angina, hartkloppingen, oedeem, kortademigheid en pijn in de borst. Het is ook een remedie tegen bronchitis en astma, evenals tegen misselijkheid en duizelingen.

Iris versicolor

Iris; Amerikaanse blauwe lis
Deze fraaie, maar giftige, bloeiende plant is inheems in Noord-Amerika en Canada, waar de blauwe lis in vochtige, laaggelegen streken groeit. Het is in Engeland een populaire tuinplant, die een halve tot één meter hoog kan worden en met donkere blauwpaarse bloemen bloeit. Preparaten die uit de wortelstok worden

bereid, hebben een vochtafdrijvende en stimulerende werking en veroorzaken misselijkheid en diarree. Ze worden voornamelijk gebruikt bij leveraandoeningen en spijsverteringsstoornissen. Het homeopathische middel wordt bereid uit de verse wortelstok. Het wordt aangewend bij indigestie, braken en misselijkheid, diarree en koliekachtige pijnen, en tevens bij migraine waarbij de hoofdpijn optreedt aan de rechterkant.

Jodium

Jodium

Jodium is een niet-metalig scheikundig element en is een essentiële stof voor een normaal functionerende stofwisseling (metabolisme) in het lichaam. Jodium is voornamelijk geconcentreerd in de schildklier en is een belangrijke component van schildklierhormonen, die op hun beurt weer vele lichaamsprocessen reguleren. Een jodiumtekort leidt tot gewichtstoename, opzetten van het gezicht en de hals, een droge huid en geestelijke apathie. De patiënt voelt zich uitzonderlijk moe en zijn of haar haar begint uit te vallen. Een dergelijk tekort komt in westerse landen amper voor, omdat jodium wordt toegevoegd aan tafelzout. Jodium komt van nature voor in zeewier en salpeterafzettingen (een verdampbaar mineraal dat wordt aangetroffen in droge, woestijnachtige omstandigheden, zoals in Chili).

Jodiumtinctuur wordt in de homeopathie gebruikt als remedie tegen een verhoogde werkzaamheid van de schildklier (hyperthyreoïdie). Tot de symptomen behoren zwakte en wegkwijnen, wat vooral aan de ledematen merkbaar is, pijn aan en uitpuilen van de ogen, bovenmatige honger, rusteloosheid, nervositeit, transpireren, kortademigheid, warmte-intolerantie en een versnelde hartslag. Het middel wordt ook aangewend bij zware hoest, kortademigheid, strottenhoofdontsteking (laryngitis) en andere keelaandoeningen, en pijn in de botten.

Mensen die baat hebben bij deze remedie zijn graag druk bezig en kunnen praatziek en snel opgewonden zijn. Maar ze zijn ook vergeetachtig, zodat hun activiteiten weinig efficiënt en ongeorganiseerd kunnen zijn. De symptomen verergeren door warmte in enigerlei vorm en worden verlicht door koele, frisse lucht. Ze verminderen tevens bij beweging en lichamelijke inspanning na de maaltijd.

Kali bromatum
Kali brom.; kaliumbromide

Deze witte kristallijnen stof, die via een chemisch proces wordt verkregen, wordt gebruikt in de fotografische industrie en diende vroeger in de reguliere geneeskunde ook als medicijn. Het werd toegediend aan mannen met een overmatige libido, speciaal aan mannelijke gevangenen. Tevens werd kaliumbromide aangewend bij andere psychiatrische stoornissen en als remedie tegen epilepsie.

Het homeopathische middel dient ter behandeling van ernstige acne en andere huidaandoeningen, overmatig bloedverlies bij de menstruatie, vooral tijdens de overgang, impotentie, epilepsie, nerveuze uitputting en depressie.

Mensen die goed op kaliumbromide reageren zijn vaak rusteloos en tobberig. Ze kunnen de behoefte hebben druk bezig te zijn. In hun tienerjaren moeten ze vaak worden gerustgesteld en ze hebben de neiging zich schuldig te voelen over hun ontluikende seksualiteit. Tevens kunnen ze er sterke geloofsovertuigingen op na houden en het gevoel hebben dat seksuele behoeften immoreel zijn, en dit veroorzaakt mentale stress en conflicten. Ze zijn vatbaar voor acne, zeker in de puberteit en in tijden van hormonale veranderingen. Bij vrouwen verergeren de symptomen tijdens de menstruatie. Alle symptomen verminderen wanneer de patiënt veel te doen heeft.

Kali sulphuricum
Kaliumsulfaat

Kaliumsulfaat is een van de biochemische zouten van Schussler (zie WOORDENLIJST) en wordt in de homeopathie gebruikt bij aandoeningen van de slijmvliezen waarbij sprake is van dikke witte of gele afscheiding. Deze kan optreden bij bronchitis en andere infecties van de neus en keel. Tevens dient het middel ter behandeling van huidinfecties, zoals wondroos (erysipelas) en eczeem, waarbij pus wordt afgescheiden. Ook tegen infecties, zoals mazelen en roodvonk – die de huid betreffen – kan het worden gebruikt, evenals tegen reuma. De symptomen verergeren in een warme omgeving en bij enigerlei vorm van hitte, terwijl ze worden verlicht door koelte en frisse lucht.

Kalium carbonicum
Kali carb.; kaliumcarbonaat

Kaliumcarbonaat komt van nature voor in alle planten en wordt verkregen uit de as van verbrand hout of andere vegetatie, of via een chemisch proces. Kaliumcarbonaat werd door de oude Egyptenaren gebruikt bij de vervaardiging van glas.

Het middel wordt aangewend bij aandoeningen van de slijmvliezen van de bovenste ademhalingswegen en spijsverteringsorganen. Het dient om hoest te behandelen en bronchitis die gepaard gaat met stekende pijnen. Verder wordt het gebruikt bij overgangsklachten, menstruatieproblemen en bij pijn in de rug en in het hoofd. De patiënt heeft het koud en zijn lichaam houdt vocht vast (oedeem), waardoor het gezicht dik wordt – met name de bovenste oogleden. De symptomen verergeren bij lichamelijke inspanning, wanneer het lichaam naar voren wordt gebogen en in een koele omgeving. Ze zijn op hun ergst tussen twee en drie uur in de vroege ochtend. Ze verminderen in een warme, droge omgeving en bij droog en warm weer.

Mensen die ontvankelijk zijn voor alle kaliumpreparaten hebben een strikt plichtsgevoel en duidelijke ideeën over goed en kwaad. Ze zijn bezitterig en kunnen jaloers zijn, alsmede moeilijk om mee samen te leven. Ze kunnen slecht tegen alle vormen van emotioneel trauma en kunnen als ze slecht nieuws te horen krijgen het gevoel hebben of iemand hen in de buik schopt.

Kalium muriaticum
Kali mur.; kaliumchloride

Deze witte of kleurloze kristallijnen stof komt in de natuur voor als het mineraal sylviet, dat wordt aangetroffen in lagen met gesteente dat ontstaan is door verdamping. De stof wordt veel gebruikt als meststof en in de homeopathie is het een van de biochemische zouten van Schussler (zie WOORDENLIJST). Een tekort aan kaliumchloride uit zich in een verlaging van het stollingsvermogen van het bloed.

Het kaliumchloridemiddel wordt aangewend ter behandeling van ontstekingen en infecties van de slijmvliezen. Er is dan sprake van uitscheiding van dik slijm, wat kan samengaan met middenoor- en keelontstekingen, een loopoor bij kinderen en ontstoken amandelen. De keel kan erg pijnlijk aanvoelen en slikken kan pijnlijk en moeilijk zijn. De patiënt kan last hebben van koorts en opgezette klieren. De symptomen verergeren bij koud, vochtig weer en in de koele buitenlucht. Tevens wanneer de patiënt vet voedsel eet en tijdens de menstruatie. De symptomen verminderen wanneer de patiënt van een ijskoude drank nipt en wanneer zachtjes over het pijnlijke lichaamsdeel wordt gewreven.

Kalmia latifolia
Breedbladige lepelboom
Een aantrekkelijke, maar giftige groenblijver die inheems is in sommige staten van de Verenigde Staten. De struik kan zo'n zes meter hoog worden en bloeit met een overdaad aan roze bloemen. De bladeren zijn het gedeelte van de plant dat voor medicinale doeleinden wordt gebruikt. Ze hebben verdovende en adstringerende eigenschappen en kunnen tevens het hart tot rust brengen. De plant was vroeger al bekend bij de indianen van Noord-Amerika en werd gebruikt bij huidaandoeningen, koortsen, syfilis, zenuwpijn, bloedstoornissen, bloedingen, diarree en dysenterie.

Het homeopathische middel wordt gemaakt van de verse bladeren en gebruikt om symptomen te behandelen die optreden aan de rechterkant van het lichaam, zoals aangezichtspijn en andere zenuwpijn, gordelroos, reumatische pijnen, gevoelloosheid en verlamming, en om hartaandoeningen, zoals angina, te verhelpen. De symptomen verergeren bij alle vormen van kou en tevens bij aanraking of druk. Ze worden verlicht door warmte.

Kreosotum

Creosootolie

Dit middel wordt gebruikt bij infecties waarbij pus of een andere afscheiding wordt gevormd, die vaak kwalijk riekt. Vandaar dat het wordt ingezet bij de behandeling van steenpuisten, tandvlees-aandoeningen en tandbederf die gepaard gaan met een slechte adem, infecties van de baarmoeder, blaas, de organen in de bekkengordel en de prostaatklier. De patiënt kan last hebben van algehele zwakte en slapheid die gepaard gaat met misselijkheid, braken, diarree en koliekachtige pijnen. Meestal treden de symptomen voornamelijk aan de linkerkant van het lichaam op.

Lac caninum

Lac. can.; hondenmelk, tevenmelk

Dit is een van de oudst bekende medicijnen, dat al door Sextus, een Griekse arts uit de oudheid, werd beschreven. Hij behandelde er oorinfecties mee en gevoeligheid voor licht. Plinius noemde het als middel tegen aandoeningen van de vrouwelijke geslachtsorganen en dat is ook een van de toepassingen in de homeopathie.

Het homeopathische middel wordt aangewend bij de behandeling van erosie van de baarmoederhals, waarbij cellen die de baarmoederhals bekleden zijn weggesleten. Tevens wordt het gebruikt tegen pijnlijke borsten bij het geven van borstvoeding en voor de menstruatie. Een andere belangrijke toepassing is als middel tegen zware keelpijn, zoals bij ontstoken amandelen (tonsillitis) en difterie. De pijnen of andere symptomen verplaatsen zich vaak van de ene kant van het lichaam naar de andere en kunnen gepaard gaan met een algeheel gevoel van malaise en van zwakte. De patiënt kan zich licht in het hoofd voelen en de sensatie hebben dat hij zweeft.

Mensen die goed op Lac. can. reageren zijn vaak erg gevoelig. Ze hebben een dusdanig rijke fantasie dat hun ingebeelde angsten de overhand kunnen nemen en ze zijn timide en vergeetachtig. In tegenstelling tot deze eigenschappen zijn ze van tijd tot tijd onredelijk en agressief. Ze kunnen vele angsten koesteren en

vaak nachtmerries hebben. Ook komt een fobie voor slangen onder hen veel voor. Lac. can.-mensen houden van pittig, zout voedsel en van warme dranken. De symptomen verergeren bij aanraking of druk en verminderen in de frisse buitenlucht.

Lactrodectus mactans
Lactrodectus mac.; zwarte weduwe (vrouwtjesspin)
Het vrouwtje van de zwarte weduwe is een van giftigste spinnen
die er bestaan, en haar gif kan snel tot de dood leiden. Terwijl de
spin haar prooi bijt wordt het gif ingespoten en de gevolgen zijn
hevige, beklemmende pijn op de borst, transpireren, spasmen in
spieren en bloedvaten, angst, collaps of flauwvallen en de dood.
De spin wordt aangetroffen in diverse landen met een warm klimaat, vooral in sommige delen van de Verenigde Staten. Het
homeopathische middel wordt vervaardigd van het lichaam van
de vrouwtjesspin en dient ter behandeling van ernstige hartklachten, inclusief hartaanvallen en angina. Het wordt eveneens
gebruikt wanneer sprake is van grote angstigheid, die met hyperventilatie, agitatie, kortademigheid en flauwvallen kan samengaan. De symptomen verergeren bij koud, vochtig weer en wanneer het vlak voor een storm drukkend benauwd is. Ze zijn
's nachts het sterkst voelbaar, maar verminderen als de patiënt
gerust wordt gesteld, stilzit en een warm bad neemt.

Lapis albus
Calcium siliciumfluoride
Dit middel, dat langs chemische weg wordt bereid, werd in de negentiende eeuw door de Duitse homeopaat Edward von Grauvogl
onderzocht en beproefd. Het dient ter behandeling van hete, stekende pijnen in de baarmoeder, borsten of maag en van een brandende, jeukende huid.

Lilium tigrum
Lilium; tijgerlelie
Deze opvallende bloeiende plant, die populair is als tuinplant, is
een inheemse soort in China en Japan. Hij bloeit met oranje,

trechtervormige bloemen, waarvan de bloemblaadjes zijn omgekruld. Deze zijn overdekt met donkere, roodachtig gekleurde vlekjes.

Het homeopathische middel, dat wordt bereid uit de hele verse bloeiende plant, werd in 1869 onderzocht en beproefd door de Amerikaanse homeopaat dr. Carroll Dunham. Het wordt gebruikt voor aandoeningen van de vrouwelijke geslachtsorganen, inclusief een verzakte baarmoeder met trekkende pijnen, vleesbomen (goedaardige tumoren in de baarmoeder) die de blaas kunnen aantasten en de aandrang om te plassen doen toenemen, opgezette en pijnlijke eierstokken en jeuk aan de geslachtsdelen. Ook wordt het aangewend bij aandoeningen van de blaas, het rectum en de aderen. Symptomen van angina, zoals een hevige, beklemmende pijn in de borststreek, angstigheid en een snelle hartslag, worden ermee behandeld, evenals een verlammend gevoel dat zich uitbreidt over de rechterarm.

Mensen die gevoelig zijn voor dit middel hebben duidelijke ideeën over goed en kwaad en stellen hoge eisen aan zichzelf en hun gedrag. Dat kan conflicten tot gevolg hebben tussen hun natuurlijke, met name seksuele, behoeften en datgene wat zij als gepast gedrag ervaren. Dit kan weer leiden tot gevoelens van schuld en zelfhaat. Hun innerlijke strijd maakt hen prikkelbaar en snel beledigd, zeker wanneer ze kritiek van anderen krijgen. Leliemensen hebben warme handen en voelen zich het lekkerst bij koel of koud weer. De symptomen verergeren bij enigerlei vorm van hitte en tijdens de nacht. Ze verminderen in een koele omgeving en in de koude, frisse buitenlucht. De symptomen worden verlicht wanneer de patiënt op zijn of haar linkerzij gaat liggen.

Lycopus virginicus
Lycopus; wolfspoot

Deze aantrekkelijke plant is inheems in het oosten van de Verenigde Staten en groeit daar in vochtige, laaggelegen streken waar veel schaduw is. De plant bloeit met paarsgekleurde bloemen en heeft gladde, groene bladeren. Wolfspoot ruikt een beetje naar munt en heeft adstringerende, kalmerende en lichtelijk bedwelmende eigenschappen. Vroeger werd de plant gebruikt om bloedingen in de longen tegen te gaan, zoals die bij tuberculose kunnen optreden, waarbij de patiënt wordt gestimuleerd het bloed op te hoesten. Tevens werd de wolfspoot aangewend in plaats van DIGITALIS bij de behandeling van hartaandoeningen. Voor de bereiding van het homeopathische middel wordt de hele verse plant gebruikt, inclusief de bloemen.

Het middel werd in de tweede helft van de negentiende eeuw door de Amerikaanse homeopaat Edwin Moses Hale onderzocht en geïntroduceerd. Het wordt aangewend bij de behandeling van hartaandoeningen, zoals onregelmatigheden in de hartslag en hartkloppingen, aneurisma's (ballonachtige zwellingen van aderwanden), ontstekingen van het hartzakje (het zakvormige omhulsel van het hart; pericarditis), verhoogde bloeddruk en hartfalen. Wolfspoot wordt eveneens gebruikt bij een aandoening van de schildklier die leidt tot uitpuilen van de ogen. De symptomen verergeren door lichamelijke activiteit en inspanning, agitatie of opwinding en alle vormen van hitte. Ze zijn meestal het sterkst voelbaar wanneer de patiënt ontwaakt uit zijn slaap, maar worden verlicht door druk uit te oefenen op het getroffen lichaamsdeel.

Lyssine
Hydrophobinum

Dit middel wordt bereid uit het speeksel van een hond die hondsdolheid heeft. Het wordt aangewend bij ernstige aandoeningen van het zenuwstelsel, met name spasmen die doen denken aan epilepsie, zware hoofdpijnen en zwangerschapspre-eclampsie (waarbij de patiënt vocht vasthoudt, dikke enkels en voeten krijgt, en een hoge bloeddruk heeft. De urine bevat eiwit). Als pre-eclampsie niet wordt behandeld, kan dit levensbedreigend zijn. De patiënt kan aan de krampen bezwijken. De aanvallen verergeren als de patiënt zich in de buurt van stromend water bevindt.

Magnesia carbonica

Mag. carb.; magnesiumcarbonaat, magnesia, bitteraarde, talkaarde

Magnesiumcarbonaat, een witte en poederachtige stof, heeft diverse industriële toepassingen en wordt onder andere gebruikt bij de vervaardiging van bakstenen, cement, papier, verfstoffen en isolatiemateriaal. In de farmaceutische industrie wordt het aangewend als bulkmateriaal voor sommige soorten poeders en tabletten. De belangrijkste bron ervan is magnesiet, een mineraal dat voorkomt in kalksteen, dolomiet of serpentijnsteen en wordt gedolven in China, de Verenigde Staten en Oostenrijk.

Het homeopathische middel werd door Hahnemann onderzocht en beproefd. Het wordt gebruikt om smaakverlies tegen te gaan in gevallen waarin sprake is van een dikke, witachtige aanslag op de tong, van indigestie en brandend maagzuur en spijsverteringsstoornissen die gepaard gaan met diarree of constipatie. De patiënt kan sterk verlangen naar fruitige, zurige dranken en kan een vieze smaak in de mond hebben. Dit is tevens een goed middel tegen zwakte en het is toe te passen wanneer baby's niet gedijen en onvoldoende spierspanning vertonen. De symptomen verergeren door aanraken, rust, tijdens de nacht en bij winderig weer. Ze verminderen door rondlopen en door de frisse, schone buitenlucht in te gaan.

Mensen die gevoelig reageren op magnesiumcarbonaat hebben vaak donker haar en een bleke huid. Ze zijn snel uitgeput en krijgen dan pijn in hun benen en voeten. Ze zijn gevoelig voor koude tocht en aanraking en ze kunnen op het randje van prikkelbaarheid zijn. Ze hebben algauw last van een vieze smaak in de mond en zijn hypergevoelig. Bovendien kunnen ze zich door anderen genegeerd en buitengesloten voelen. Melkintolerantie komt veel bij hen voor en hun transpiratievocht ruikt zuur.

Magnesia phosphorica

Mag. phos.; magnesiumfosfaat

Deze witte stof is een van de biochemische zouten van Schussler (zie WOORDENLIJST) en wordt langs chemische weg bereid uit natriumfosfaat en magnesiumsulfaat. Magnesium komt van nature in het lichaam voor en is essentieel voor het functioneren van de zenuwen en spieren. Een tekort kan tot krampachtige pijnen en spasmen leiden en een schadelijke invloed hebben op het hart en de skeletspieren.

Het middel wordt aangewend ter behandeling van zenuwpijnen, schrijfkramp, spasmen en krampen. De pijnen zijn vlijmend en treden bij vlagen op; koude tocht kan er de aanzet toe vormen. Vaak komen ze voornamelijk aan de rechterkant van het lichaam voor. Koliekachtige pijnen die worden verlicht door vooroverbuigen en door warmte en het uitoefenen van stevige druk kunnen met Mag. phos. worden tegengegaan.

Mensen die baat hebben bij dit middel zijn vaak slank, sensitief en zorgelijk en kunnen wetenschappelijk ingestelde workaholics zijn. De symptomen zijn in de regel het sterkst voelbaar bij koude luchtstromen, bij aanraken en als de persoon in kwestie moe en afgemat is. Ze verminderen bij elke vorm van warmte, druk en in een warme omgeving.

Manganum aceticum
Mangaanacetaat
Dit middel werd in de negentiende eeuw door Hahnemann onderzocht en beproefd. Het is nuttig ter behandeling van algehele uitputting en zwakte die gepaard gaat met gebrek aan eetlust en een te laag lichaamsgewicht, bloedarmoede en mogelijk ook bij huidzweren en doorligwonden. De huid heeft een blauwachtige kleur en het lichaam is erg gevoelig voor aanrakingen. De patiënt heeft er grote moeite mee voldoende te eten om op gewicht te blijven.

Medorrhinum
Het middel wordt vervaardigd uit de afscheiding die bij gonorroe optreedt.
Gonorroe, de bacteriële, seksueel overdraagbare aandoening, heeft de mensheid al van oudsher geplaagd en kreeg zijn naam van de Romeinse arts Galenus. De gevolgen van gonorroe kun-

nen tijdens de geboorte van moeder op kind worden overgedragen. Hahnemann meende dat gonorroe verantwoordelijk was voor overgeërfde zwakheid in opeenvolgende generaties en hij sprak in dit verband van een 'miasma' in dit geval het sycotisch miasma (sycosis). Er werden nog twee andere miasma's benoemd: 'psora', dat verband houdt met blaren en schurftachtige jeuk (zie PSORINUM) en syfilis (zie SYPHILINUM). Gonorroe is altijd al een gevreesde en verwoestende aandoening geweest en werd vroeger behandeld door de patiënt te injecteren met zilvernitraat. In de reguliere geneeskunde behandelt men de aandoening met antibiotica.

Het homeopathische middel wordt gebruikt om een veelheid aan lichamelijke en geestelijke aandoeningen mee te behandelen. Het dient als remedie tegen ontsteking en infectie van de bekkenorganen, menstruatiepijn en pijn in de eierstokken. Sommige andere aandoeningen van de slijmvliezen, de nieren, de zenuwen en de ruggengraat, bijvoorbeeld zenuwpijn (neuralgie), kunnen eveneens met het middel worden verholpen.

Het is vooral geschikt voor mensen die een familiegeschiedenis van gonorroe hebben en bij sommige vormen van hartziekte. Ook emotionele stoornissen kunnen met medorrhinum worden behandeld, zoals stemmingswisselingen waarbij de persoon in kwestie nu eens prikkelbaar en extreem ongeduldig kan zijn en zich dan weer passief terugtrekt. Als de patiënt ongeduldig is, is hij altijd gehaast en heeft hij de neiging zelfzuchtig en ongevoelig te zijn. In de teruggetrokken stemming is de patiënt dromerig en vergeetachtig en voelt hij zich in direct contact staan met de natuur, die hem sterk aangrijpt. In beide stemmingen heeft de patiënt de neiging vergeetachtig te zijn en kan hij zich verwaarloosd, verloren of verlaten voelen. De symptomen verergeren bij vochtig weer, bij warmte in de vroege ochtend tussen drie en vier uur, en na het plassen. Zelfs lichte bewegingen zijn nadelig, maar de symptomen verminderen door op de buik te gaan liggen, in de avond en door aan zee te zijn. Tevens treedt er verbetering op als de persoon in kwestie op handen en knieën gaat zitten.

Mercurius corrosivus
Merc. cor.; kwikchloride, $HgCl_2$
Kwikchloride is een zeer giftige en corrosieve stof, die het weefsel
verbrandt en vernietigt als men de stof doorslikt. De stof heeft
antiseptische eigenschappen en wordt gebruikt bij verdikkingen
en knobbels om schimmelvorming te voorkomen. Kwikchloride
wordt in de industrie benut bij de fabricage van kunststoffen.
Het homeopathische middel wordt aangewend bij ernstige
symptomen van zweren in het spijsverteringskanaal en de urinewegen, de mond en de keel. Het dient als remedie tegen ontsteking van de dikke darm die gepaard gaat met zweren en met diarree die bloed en slijm bevat, en tegen pijnen in het onderlichaam.
Tevens dient het tegen ernstige blaasinfecties en ontsteking van
de urethra (plasbuis), waarbij sprake is van pijn bij het plassen en
veelvuldig urineren en waarbij de urine bloed en slijm bevat. Er
kan dikke, kleurloze afscheiding met pus optreden. In de mond
en de keel behoren zweren aan de amandelen tot de symptomen.
De amandelen zijn dan overdekt met een witte, pus bevattende
afscheiding. Andere symptomen zijn aangezichtspijn, uitputting
en overmatige speekselafscheiding. De symptomen verergeren
in de avond en wanneer de patiënt rondloopt, en tevens als hij of
zij vet of zuur voedsel nuttigt. Ze worden verlicht na het ontbijt en
wanneer de patiënt rust neemt.

Mercurius cyanatus
Kwikcyanide
Dit homeopathische middel wordt gebruikt bij ernstige symptomen van difterie. De keel is bijzonder pijnlijk en de patiënt kan
amper slikken en praten; er is een dikke, grijswitte slijmaanslag
te zien. De patiënt heeft het koud en diens huid heeft vanwege
zuurstofgebrek een blauwachtig waas (cyanosis). Zijn krachten
kunnen op het punt staan het te begeven.

Mercurius dulcis
Merc. dulc.; kwikchloride, kwik-I-chloride, kalomel, Hg_2Cl_2
Deze stof heeft laxerende eigenschappen en kalomel werd in de

Middeleeuwen gebruikt als purgeermiddel. Tegenwoordig wordt de stof aangewend in de land- en tuinbouw als ingrediënt van bepaalde insecticiden en fungiciden. Zowel *mercurius dulcis* als *mercurius corrosivus* wordt aangetroffen in minerale afzettingen in de Verenigde Staten van Amerika, Mexico, Duitsland en delen van Centraal-Europa.

Kwikchloride is een nuttige remedie voor kinderen die last hebben van een loopoor en van problemen met de slijmvliezen. De klieren zijn opgezet en de neus-, oor- en keelholten zijn aangeslagen met dik, plakkerig slijm. De ademhaling is soms duidelijk hoorbaar en vaak is het gehoor aangedaan. De symptomen verergeren wanneer het kind sport beoefent of zich lichamelijk inspant, en ook 's nachts.

Mixed autumn moulds
MAP, gemengde herfstschimmels

Dit homeopathische middel wordt gewonnen uit een mengsel van drie schimmels – mucor, aspergillus en penicillum – en wordt gebruikt om symptomen van hooikoorts die zich in de herfst voordoen te behandelen. Hiertoe behoren een loopneus en verkoudheidsverschijnselen, jeuk, rode en waterige ogen, niezen en proesten met een strak gevoel op de borst. Meestal doen deze symptomen zich voor in de eerste maanden van de herfst, met name september.

Moschus moschiferus
Moschus; muskus van het muskushert

Muskus is een sterk ruikende, aromatische afscheiding die door het mannelijke muskushert wordt geproduceerd om een vrouwtje aan te trekken. De stof is lange tijd in de parfumindustrie gebruikt en heeft een langdurig effect. Samuel Hahnemann maakte zich zorgen over het wijdverbreide gebruik van op muskus gebaseerde geurstoffen, omdat hij meende dat deze stof mensen ontvankelijker maakte voor ziekten doordat muskus het afweersysteem verzwakt. Het muskushert is een klein hert dat voorkomt in landen in Centraal-Azië, in heuvelachtige of bergachtige gebieden.

Voor de bereiding van het homeopathische medicijn werd gedroogde muskus gebruikt, dat voornamelijk wordt aangewend ter behandeling van hysterische, neurotische en emotionele symptomen.

Mensen die gevoelig zijn voor dit middel hebben een neiging tot hypochondrie en kunnen het idee hebben dat iedereen tegen hen is. Ze praten vaak aan één stuk door en bewegen zich gehaast en onhandig. Ze hebben het snel koud, hoewel de ene helft van hun lichaam koud kan lijken en de andere warm. Ze voelen zich meer uitgeput als ze rusten dan wanneer ze bezig zijn. Alle symptomen verergeren in koele, frisse lucht en bij emotionaliteit of opwinding. De symptomen verminderen na boeren en in een warme omgeving.

Murex
Purperslak
Dit homeopathische middel wordt vervaardigd van het lichaam van de zeeslak en wordt aangewend bij een onregelmatige menstruatie tijdens de overgang. Het dient tevens ter behandeling van emotionele en hysterische symptomen en als middel tegen stress. Mensen die gevoelig zijn voor dit middel houden er niet van te worden aangeraakt, zeker niet bij een medisch onderzoek.

Mygale lasiodora
Mygale las.; *Mygale avicularia, Aranea avicularia,* Cubaanse spin
De beet van deze spin, een grote soort die inheems is op Cuba, is zeer giftig en dient om zijn prooi te verlammen. Wordt een mens gebeten, dan wordt het getroffen lichaamsgedeelte rood en vervolgens trekt de kleur eruit weg, waarna het paars en groen wordt. De effecten verspreiden zich naarmate het gif verder door de lymfevaten stroomt. De persoon in kwestie krijgt hoge koorts, begint te rillen en te trillen, krijgt een droge huid en mond, wordt erg angstig, en krijgt last van zijn ademhaling en hevige dorst. Hij of zij heeft het gevoel dat de dood nabij is.

Het homeopathische middel wordt gebruikt bij onwillekeurige krampen en trekkingen van de spieren, die door zenuwaandoeningen, zoals diverse vormen van chorea, kunnen worden veroorzaakt. Het wordt soms aangewend ter behandeling van seksueel overdraagbare aandoeningen. De symptomen zijn in de ochtend het sterkst voelbaar, maar verminderen door slaap.

Naja naja
Naja; *Naja tripudians*, gif van de cobra
De cobra, die de gewoonte heeft zich voordat hij aanvalt op te richten en de huid onder zijn hals op te zetten tot een scherm, wordt al lange tijd zowel gevreesd als aanbeden. De slang kan van zo'n twee meter afstand het gif in de ogen van zijn prooi spuiten en dit veroorzaakt blindheid. De beet van de cobra kan fataal zijn. Door het gif worden het hart en de longen aangetast, wat flauwvallen en de dood tot gevolg heeft.

Het ingedroogde gif, dat felgeel is, wordt gebruikt voor de bereiding van het homeopathische middel. Dit dient ter behandeling van aandoeningen aan de linkerkant van het lichaam, met name het hart, maar ook de linkereierstok. Tot de symptomen behoren een drukkende, verstikkende pijn zoals bij angina, waarbij de pijn zich uitbreidt naar de linkerschouder en omlaag langs de arm en hand. De polsslag kan traag zijn en de patiënt krijgt moeilijk adem en heeft het benauwd. Pijn in de eierstok kan zich aan de linkerkant van het lichaam naar boven toe uitbreiden. Ook astma die optreedt na een aanval van hooikoorts kan met naja worden behandeld. De symptomen verergeren door op de linkerzij te gaan liggen, door koude tocht en na slaap. Ze verergeren eveneens wanneer de patiënt strakke kleding draagt die hem in zijn bewegingsvrijheid belemmert, en na het drinken van alcohol. Bij vrouwen zijn ze erger na de menstruatie.

Natrum carbonicum
Nat. carb.; natriumcarbonaat
Natriumcarbonaat werd ooit verkregen uit de as van verbrand zeewier, maar wordt nu langs chemische weg gemaakt. De stof wordt gebruikt bij de fabricage van schoonmaakmiddelen en

zeep en bij de vervaardiging van glas. Natriumcarbonaat heeft in de reguliere geneeskunde diverse toepassingen; het is onder andere een ingrediënt van crèmes en oliën die worden gebruikt bij de behandeling van brandwonden, eczeem en andere huidaandoeningen. De stof wordt tevens gebruikt in preparaten tegen verkoudheid en vaginale afscheiding.

Het homeopathische middel werd door Hahnemann onderzocht en beproefd. Het wordt aangewend bij diverse huidaandoeningen, zoals eczeem, een droge, schilferige en pijnlijke huid, koortslip, moedervlekken, wratten, likdoorns en blaren. Tevens bij keelpijn en verkoudheid, hoofdpijn en indigestie. De symptomen verergeren bij warm en vochtig weer en bij allerlei vormen van warmte – ook in de warme zon. Ze worden verlicht door te eten.

Mensen die goed reageren op natriumcarbonaat hebben een gevoelige, vriendelijke en intuïtieve aard. Ze zijn altijd bereid anderen een luisterend oor te lenen. Ze zijn toegewijd aan hun familie en vrienden en stellen zich graag beschikbaar, waarbij ze als ze zich niet lekker voelen of somber zijn hun best doen opgewekt te zijn. Ze zijn lichamelijk kwetsbaar en hebben snel last van een ontregelde spijsvertering. Ze kunnen slecht melk en zuivelproducten verdragen. Hun enkels zijn een ander zwak punt; die verstuiken of verrekken ze makkelijk. Natriumcarbonaatmensen zijn erg gevoelig voor muziek en raken van slag door lawaai en onweer. Lichamelijke inspanning wordt hen algauw te veel.

Natrum phosphoricum

Nat. phos.; natriumfosfaat

Natriumfosfaat komt van nature in lichaamscellen voor en is een van de biochemische zouten van Schussler (zie WOORDEN-LIJST). Het speelt een rol bij de regulering van het zuurgehalte van het lichaamsweefsel en de lichaamsvochten en bij een ingewikkeld stofwisselingsproces waarbij een chemische reactie optreedt met vetzuren. Natriumfosfaat wordt verkregen via een chemische reactie tussen natriumcarbonaat en fosforzuur.

Het is een nuttige remedie bij symptomen die worden veroorzaakt door een teveel aan melkzuur of urinezuur. Overmatig melkzuur kan ontstaan door voeding die te veel melk, zuivelproducten of vette producten omvat. Tevens kan sprake zijn van een teveel aan maagzuur, wat te maken kan hebben met de consumptie van te veel zuur voedsel. De symptomen zijn die van 'zure' indigestie, waarbij de persoon in kwestie een zure smaak in de mond heeft, last heeft van winderigheid en van pijn in het onderlichaam. Een teveel aan urinezuur komt voor bij mensen die aan jicht lijden en pijnlijke, ontstoken en stijve gewrichten hebben. De symptomen verergeren bij onweer, door vette, zure of zoete dingen te eten en bij lichamelijke inspanning. Ze verminderen wanneer de patiënt de frisse, schone buitenlucht in gaat en in een koele, luchtige omgeving.

Mensen die baat hebben bij dit middel zijn gedistingeerd en schuchter; ze blozen al snel. Ze raken makkelijk uitgeput, maar zijn anderzijds rusteloos of lichtelijk geagiteerd. Ze nemen niet zomaar advies van anderen aan en hebben de neiging ontevreden en somber te zijn.

Natrium sulphuricum

Nat. sulph.; natriumsulfaat, glauberzout, mirabiliet

Natriumsulfaat is een stof die van nature in het lichaam voorkomt en die een rol speelt bij de regulering van de zout-waterbalans in het weefsel en in de lichaamsvochten. De stof wordt aangetroffen in natuurlijke pekel die voorkomt bij zoutmeren, maar kan ook langs chemische weg worden verkregen. Natriumsulfaat wordt in de industrie gebruikt bij de fabricage van houtpulp en papier, glas, chemicaliën en schoonmaakmiddelen. Het is een van de biochemische zouten van Schussler (zie WOORDEN-LIJST), die de stof onderzocht en beproefde.

Natriumsulfaat wordt gebruikt bij de behandeling van leveraandoeningen die gepaard gaan met koliekachtige pijnen en indigestie, bij ernstige aandoeningen van de borst, zoals bronchitis en astma, en bij blaasaandoeningen waarbij de patiënt vaak moet plassen. Het wordt ook aangewend ter verlichting van geestelijke symptomen die zich voordoen na hoofdletsel, zoals depressie of persoonlijkheidsveranderingen. De symptomen worden erger in vochtig, koud weer en door op de rug te gaan liggen. Ze zijn het ergst in de nacht en tijdens de ochtend. Ze worden verlicht door koele, frisse en droge omstandigheden en in de frisse buitenlucht. De symptomen verminderen wanneer de patiënt van houding verandert.

Mensen die gevoelig op natriumsulfaat reageren kunnen ofwel heel serieus zijn, hun emoties streng onder controle houden en een façade optrekken waarachter een ernstige depressie en suïcidale gedachten schuil kunnen gaan. Ofwel hun somberheid treedt meer aan de dag. Ze kunnen emotioneel worden wanneer ze luisteren naar muziek of kijken naar kunst. Deze mensen zijn minder depressief, maar hebben toch nog altijd een neiging tot somberheid. Natriumsulfaattypen zijn vaak enigszins materialistisch ingesteld en zijn erg gevoelig voor vochtig weer; ze hebben gauw last van astma en van borstklachten wanneer ze verkouden zijn.

Nicotiana tabacum
Tabacum; tabak

De Latijnse naam van de tabaksplant is afgeleid van Jean Nicot, een Portugese diplomaat die in de zestiende eeuw ambassadeur voor Frankrijk in Zuid-Afrika was. Hij bracht de tabak in 1560 naar Frankrijk, maar indianenvolkeren kenden tabak al aanzienlijk langer. De plant heeft een harige stengel en bladeren en geeft een bedwelmende geur af. Hij bevat nicotine, een krachtige gifstof die misselijkheid veroorzaakt, evenals hartkloppingen, transpireren, hoofdpijn en duizeligheid. Inmiddels gaat men ervan uit dat het roken van tabak een belangrijke oorzaak is van vroegtijdig overlijden.

Het homeopathische middel wordt bereid uit de verse bladeren van de plant en wordt gegeven als middel tegen misselijkheid en braken, zoals die optreden bij reisziekte, duizelingen en aandoeningen van de evenwichtsorganen in het oor. De symptomen verergeren als de persoon in kwestie zijn hoofd draait en bij warmte en tabaksrook. Ze verminderen in een koele omgeving en na braken.

Nitric acidum
Nitric ac.; salpeterzuur, aqua fortis, sterk water
Salpeterzuur is een brandende, uiterst corrosieve, heldere vloei-stof waar verstikkende dampen af slaan, die de dood tot gevolg hebben als ze worden ingeademd. In de industrie wordt deze stof voornamelijk gebruikt bij de fabricage van bemestingsmiddelen voor de landbouw en van explosieven. In de geneeskunde wordt salpeterzuur in verdunde vorm aangewend om ernstige infecties en koortsen te behandelen en om nierstenen en blaasgruis op te lossen. Salpeterzuur kan uitwendig op de huid worden aange-bracht om wratten weg te branden. Het zuur wordt verkregen via een chemische reactie tussen zwavelzuur en natriumnitraat.

Het homeopathische middel wordt aangewend bij de behan-deling van scherpe, stekende pijn die zich bij vlagen voordoet en in verband wordt gebracht met aambeien, scheurtjes bij de anus, zweren in de mond of op de huid, ernstige keelpijn die gepaard gaat met zweren, vaginale infecties en zweren van de maag of de twaalfvingerige darm. Meestal heeft de patiënt een gebarsten huid en aanleg om zweren en wratten te ontwikkelen; hij voelt meestal koud aan. De urine en andere lichaamsafscheidingen hebben een sterke, scherpe geur. De symptomen verergeren bij het nuttigen van zure vruchten en dranken, door de consumptie van melk, door aanraken of druk en door beweging. Ze zijn 's nachts het ergst en verminderen bij hitte en in een warme, dro-ge omgeving.

Mensen die gevoelig zijn voor dit middel zijn vaak erg op zich-zelf gericht en kunnen lang een wrok koesteren tegen anderen. Ze kunnen het gevoel hebben dat iedereen tegen hen is, maar worden zelf snel kwaad en kunnen snel beledigd zijn. Ze staan graag stil bij gebeurtenissen uit het verleden en leggen wantrou-wen jegens anderen aan den dag. Als ze ziek zijn, voelen ze zich angstig en maken ze zich zorgen dat ze dood kunnen gaan.

Nux moschata

Nux mosch.; *Myristica fragrans*, nootmuskaat

De nootmuskaatboom komt voornamelijk voor op het Indonesische eiland Banda, dat deel uitmaakt van de Molukken, en ook in het Verre Oosten en India. In ongeveer 540 na Christus werd nootmuskaat in Constantinopel (Istanbul) geïntroduceerd en weldra werd het alom zowel voor culinaire als voor cosmetische en medicinale doeleinden gebruikt. Nootmuskaat diende om spijsverteringsstoornissen, hoofdpijn en reumatische pijn tegen te gaan. In de kruidengeneeskunde dient het middel om het zicht helderder en scherper te maken. In grote doses heeft nootmuskaat hallucinogene eigenschappen: slaperigheid, duizeligheid en gebrek aan evenwicht (met ongecoördineerde bewegingen) en flauwvallen.

De homeopathische tinctuur wordt vervaardigd van de binnen in de vrucht gelegen zaden, zonder de buitenste taaie hulzen. Het middel dient voornamelijk als remedie tegen mentale en emotionele aandoeningen en een ontregelde spijsvertering. Tot de symptomen behoren hysterie, geagiteerdheid, opwinding en uitputting, en het soort slaperigheid en verwarring die kunnen volgen op een epileptische aanval of hartaanval. Tevens wordt het aangewend bij pijn in het onderlichaam en bij indigestie, constipatie en ontsteking van het maagdarmkanaal.

Mensen die baat hebben bij nootmuskaat hebben behoefte aan vloeistoffen die enigszins gedehydrateerd zijn (waaraan het water onttrokken is), maar hebben niet veel zin om te drinken. De symptomen verergeren bij plotselinge weersveranderingen en in een vochtige en koele omgeving. Ze verminderen wanneer de patiënt zich warm houdt, voldoende kleding draagt en wanneer het erg vochtig is.

Ocymum canum

Alfavaca, struikbasilicum

Dit is een laagblijvende, struikachtige plant die inheems is in India en lekker ruikt. De homeopathische tinctuur wordt bereid uit de verse bladeren en wordt gebruikt als middel tegen nierkoliek en nierstenen in de rechternier. Tot de symptomen behoren pijn en braken, een troebele urine vanwege neerslag van roodachtig 'zand' en vaak moeten plassen. Er kan sprake zijn van een infectie en een scherpe pijn bij het plassen, zoals bij blaasontsteking (cystitis). De urine heeft een sterke, scherpe geur.

Oleander

Oleander, laurierroos, rozenlaurier

Voor de bereiding van het homeopathische middel worden de verse bladeren gebruikt. Het werd door Hahnemann onderzocht en beproefd. Het middel wordt gegeven bij hartaandoeningen waarbij sprake is van hartkloppingen, zwakte, grote angst en flauwvallen. De patiënt kan zich duizelig voelen of op het punt van instorten staan. Tevens is oleander een remedie tegen symptomen van buikgriep (gastro-enteritis), zoals diarree, misselijkheid en pijn in de onderbuik.

De patiënt heeft vaak een pijnlijke, droge en gekloofde huid en heeft algauw last van somberheid, concentratieproblemen en onhandigheid. Hij of zij valt vaak en maakt soms ongelukken. Lichamelijke symptomen die met dit middel kunnen worden tegengegaan zijn onder andere duizeligheid, hoofdpijn, onscherp zien, spierzwakte en gebrek aan coördinatie.

Oleum petrae

Petroleum

Petroleum, oftewel vloeibare ruwe olie, wordt gevonden in oliehoudend gesteente in de aardkorst en is ontstaan uit vergaan organisch materiaal uit de geologische periode, het Carboon. Petroleum is een belangrijke brandstofbron waarvan mensen over de hele wereld sterk afhankelijk zijn. In de reguliere geneeskunde is petroleumgelei een uitwendig toe te passen middel bij schaafwondjes.

Het homeopathische middel wordt gemaakt van gezuiverde petroleum en Hahnemann heeft het onderzocht en beproefd. Het middel wordt aangewend bij huidaandoeningen zoals een droge, gebarsten, geïrriteerde huid, met name op de vingers, en eczeem. De klachten verergeren bij koud weer, wanneer de huid afkoelt en weer warm wordt. Het middel wordt tevens gebruikt bij misselijkheid en braken, vooral bij reisziekte. Er kan hoofdpijn optreden, met name in het achterhoofd.

Mensen die goed op dit middel reageren, kunnen prikkelbaar zijn doordat ze voortdurend een ontstoken, jeukende en pijnlijke huid hebben. Ze kunnen erg kwaad worden en zijn over het algemeen opvliegend van aard. Ze houden niet van vet voedsel en kunnen daar ook niet tegen. Hun transpiratievocht heeft een sterke geur. De symptomen verergeren bij koud en winderig weer, vooral tijdens de wintermaanden, en bij onweer. Ze verminderen met warmte en warm, droog weer, en na de maaltijd.

Onosmodium
Ruw parelzaad

Deze plant maakt deel uit van de Boraginaceae-familie (ruwbladige familie). Voor de bereiding van het homeopathische middel worden alle verse delen van de groene plant gebruikt.

Het middel wordt aangewend ter behandeling van geestelijke symptomen, zoals angstigheid, gespannenheid en prikkelbaarheid. Tevens bij somberheid, concentratieproblemen en onhandigheid, met een neiging brokken te maken en ongelukken te veroorzaken. Lichamelijke symptomen die met dit middel kunnen worden verlicht zijn onder andere duizelingen, hoofdpijn, onscherp zien, spierzwakte en coördinatiegebrek.

Ornithogalum umbrellatum
Ster van Bethlehem

Dit middel wordt aangewend bij ernstige, aanhoudende spijsverteringsstoornissen en wordt bereid uit de hele groene delen van de plant. Er kan sprake zijn van brandende pijnen en oprispingen van maagzuur. Het onderlichaam voelt vaak opgeblazen aan en de patiënt heeft last van winderigheid. Hij kan ook somber en erg tobberig zijn, evenals prikkelbaar en kortaangebonden tegen anderen. Vaak komen bij deze patiënten maagzweren en zweren aan de twaalfvingerige darm voor.

Oxaalzuur

Oxalis acetosella, witte klaverzuring, carbonzuur

Dit middel wordt bereid uit de bladeren van de zuring, die lange tijd in de keuken zijn gebruikt. De bladeren smaken zuur en scherp, en kunnen als azijn fungeren. De plant zelf is klein en fijn en komt in vele Europese landen voor. Klaverzuring bloeit met subtiele witte klokjes die voorzien zijn van paarse adertjes. Preparaten die uit deze plant worden bereid hebben een verkoelende en vochtafdrijvende werking.

Het homeopathische middel wordt aangewend bij pijnlijke reumatische klachten, die vooral de linkerkant van het lichaam betreffen. De pijnen zijn fel en scherp, en de patiënt voelt zich slap en heeft het koud. Er kunnen kleine bloedingen optreden (petechiae), die eruitzien als donkerrode vlekjes onder de huid. De patiënt bloedt makkelijk en kan ook bloed opgeven.

Paeonia officinalis

Pioen

Deze plant is welbekend als een fraaie dieproze tuinplant, maar ook wordt hij al van oudsher voor medicinale doeleinden gebruikt. De naam zou afstammen van de Griekse arts Paos, die volgens de mythologie de plant gebruikte om de goden, onder wie Pluto, te genezen van wonden die ze in de Trojaanse Oorlog hadden opgelopen. De pioen werd vroeger vaak in verband gebracht met bijgeloof en betoveringen; zo zou de plant afkomstig zijn van de maan en een goddelijke oorsprong hebben. De wortel van de pioen gebruikte men als middel tegen nachtmerries en epilepsie, als remedie tegen krankzinnigheid en om infecties na bevallingen tegen te gaan. De verse wortel, die zowel voor de bereiding van homeopathische middelen als van kruidenmiddelen wordt gebruikt, heeft krampwerende, kalmerende en antiseptische eigenschappen.

In de homeopathie dient pioen als middel tegen jeukende aambeien die gepaard gaan met zwellingen en ongemak. Ook wordt het aangewend tegen nachtmerries en indigestie, en wanneer de persoon in kwestie er behoefte aan heeft 's middags te slapen.

Papaver somniferum

Papaver, slaapbol, maanzaad

De slaapbol is inheems in Azië, maar wordt ook in veel andere landen gekweekt. In het wild zijn de bloemen lichtmauve van kleur met een donkerder paarse vlek aan de basis van de bloemblaadjes. Gekweekte bloemen hebben echter allerlei kleuren, van wit tot rood/paars. De onrijpe, groene zaadcapsules die zich aan de basis van de bloemen ontwikkelen zijn het gedeelte dat wordt gebruikt in de kruidengeneeskunde en homeopathie. Er wordt een incisie in de capsule gemaakt, waar een melkwitte vloeistof uit komt die donker opdroogt.

De voornaamste bestanddelen van het opiumsap zijn de alkaloïden morfine en codeïne, die in de reguliere geneeskunde alom worden toegepast vanwege hun krachtige verdovende werking. Griekse en Romeinse artsen uit de oudheid gebruikten opium als pijnstiller. De stof werd waarschijnlijk in India geïntroduceerd en vandaar door Arabische artsen naar Europa gebracht. Donkergrijze papaverzaadjes van de rood/paars gekleurde bloemen (maanzaad geheten) worden in de keuken gebruikt en bevatten geen opium of morfine. Dit zaad zit ook in vogelzaad. Opium heeft bedwelmende, kalmerende, slaapverwekkende en krampwerende eigenschappen.

In de homeopathie wordt het middel aangewend om de symptomen van psychische shock na een emotionele of angstaanjagende ervaring te behandelen. Deze symptomen kunnen ofwel bestaan uit teruggetrokkenheid en apathie, ofwel uit grote agitatie, opwinding en slapeloosheid, waarbij het gehoor zeer scherp is. Tevens wordt het aangewend bij ademhalingsklachten, constipatie, ontwenningsverschijnselen na alcoholgebruik (delirium tremens) en na een beroerte. De symptomen verergeren door slaap en warmte en verminderen door beweging en lichamelijke inspanning, en in een koele omgeving.

Pareira brava

Cesampelos pareira

Deze klimplant is inheems in Peru, Brazilië en West-Indië en heeft heel grote bladeren en bloemen. Hij heeft een gedraaide, knoestige wortel, en dat is het deel dat voor de bereiding van het homeopathische medicijn wordt gebruikt. Uit de wortel bereide preparaten hebben een stimulerende werking op de nieren en darmen, en bezitten vochtafdrijvende en toniserende eigenschappen.

Het homeopathische middel wordt aangewend bij de behandeling van infecties aan en aandoeningen van de urinewegen, zoals blaasontsteking, een ontstoken plasbuis (urethritis), urineretentie (urine vasthouden) en vaak moeten plassen. Er kan sprake zijn van hete, brandende pijnen bij het plassen, in combinatie met pijn en een onaangenaam gevoel in de onderbuik.

Paris quadrifolia
Eenbes

Deze kruidachtige, winterharde plant bloeit in vochtige, schaduwrijke gebieden in bossen in heel Europa en in Rusland. Eenbes vormt één enkele stengel, die zo'n vijfentwintig tot dertig centimeter lang kan worden, met vier puntige bladeren aan het uiteinde. Vroeg in de zomer verschijnt er één enkele bloem, die witgroen van kleur is en onaangenaam ruikt. Later verschijn er een paarszwarte vrucht, die als hij rijp is opensplijt en de zaden vrijgeeft. Voor de bereiding van het homeopathische middel wordt de hele plant gebruikt. Het werd door Hahnemann voor het eerst onderzocht en beproefd. De plant is giftig en heeft narcotiserende eigenschappen. Als hij in grote hoeveelheden wordt gegeten leidt dat tot braken en diarree, duizeligheid, een droge keel, transpireren en mogelijk ook spasmen en de dood.

In de homeopathie wordt het middel gebruikt als remedie tegen oogaandoeningen, zoals bindvliesontsteking (conjunctivitis) en ontstoken, geïrriteerde, jeukende en waterige ogen. De symptomen doen zich voornamelijk aan de linkerkant voor en de patiënt is vaak snel opgewonden en praatgraag.

Parotidinum
Bof-nosode

Nosoden of biotherapeutica zijn gemaakt van pathologische uitscheidingen, waarmee volgens de isopathie mensen worden genezen. Nosode is een voorloper van het autovaccin. (De isopathie is een geneeswijze waarbij patiënten worden genezen met de eigen ziekteproducten, zoals slijm, etter en zweet.)

Dit homeopathische middel wordt bereid uit de afscheiding van de door bof geïnfecteerde oorspeekselklier. Meestal dient het als preventief middel dat aan volwassenen wordt gegeven om te voorkomen dat ze de bof krijgen.

Pasiflora incarnata
Passiebloem

Er bestaan vele soorten passiebloemen, die hun naam te danken hebben aan de gelijkenis van de bloemen met de doornenkroon van Christus. De plant bloeit met grote, geurige bloemen die wit zijn of een zacht perzikkleur hebben, met hier en daar een vleugje paars. Later verschijnen er grote bessen met een heleboel zaadjes, die eetbaar zijn. Voor de bereiding van kruidenmiddelen en homeopathische middelen worden de groene delen van de plant gebruikt. Preparaten die zijn vervaardigd uit de passiebloem hebben kalmerende, bedwelmende en krampwerende eigenschappen.

In de homeopathie wordt het middel aangewend bij spasmen zoals die kunnen optreden bij epilepsie, en ook bij aandoeningen waarbij van hevige krampen sprake is, zoals kinkhoest, astma-aanvallen en tetanus. Tevens wordt het gebruikt bij ernstige geestelijke aandoeningen, zoals delirium tremens na overmatig alcoholgebruik en manische aanvallen.

Pertussine
Coqueluchinum

Dit middel is een nosode (zie onder 'Parotidinum') van kinkhoest en wordt verkregen uit materiaal dat met het virus is besmet. Het wordt gebruikt om de symptomen van kinkhoest te behandelen, maar dient ook als preventief middel voor mensen die kinkhoest dreigen te krijgen.

Phellandrium aquaticum
Watervenkel, watertorkruid

Deze plant groeit in sloten en op rivieroevers vlak bij het water, waarbij de onderste delen onder water kunnen staan. De plant vormt vruchten die een gele vloeistof bevatten waaruit het kruidenmiddel en het homeopathische middel worden vervaardigd. De preparaten hebben slijmoplossende en vochtafdrijvende eigenschappen en bewijzen hun nut bij de behandeling van aandoeningen van de borst en bronchiën.

In de homeopathie wordt het middel gebruikt bij aandoeningen van de borst en ademhalingswegen, waarbij de symptomen zich voornamelijk aan de rechterkant van het lichaam voordoen. Het wordt onder andere aangewend bij bronchitis en emfyseem waarbij sprake is van kortademigheid, hevige hoest en de vorming van dik slijm. Hoofdpijn is een ander veel voorkomend symptoom.

Phleum pratense
Timotee, timoteegras, lammerstaart

Dit middel is werkzaam tegen hooikoorts die wordt veroorzaakt door de pollen van bloeiende grassen. De patiënt vertoont de kenmerkende symptomen van waterige, jeukende ogen, een loopneus en niezen. Kortademigheid en astma kunnen ook voorkomen. Het middel wordt soms gegeven om een aanval van hooikoorts te voorkomen.

Phosphoricum acidum
Phos. ac.; fosforzuur

Fosforzuur is een heldere, kristallijnen stof die wordt verkregen via een chemisch proces uit het in de natuur voorkomende mineraal apatiet. Apatiet is rijk aan fosfaat en komt voor in diverse soorten vulkanisch en metamorf gesteente (gesteente dat door hoge temperaturen en druk een verandering ondergaat), en in minerale aderen. Fosforzuur heeft verschillende industriële toepassingen en wordt gebruikt bij de fabricage van meststoffen en schoonmaakmiddelen. In de levensmiddelenindustrie wordt het gebruikt als smaakstof in frisdranken en bij het raffineren van suiker. Tevens wordt het aangewend bij de productie van allerlei farmaceutische geneesmiddelen. In de reguliere geneeskunde gebruikt men deze stof bij de behandeling van tumoren van de bijschildklier. De stof verlaagt het calciumgehalte in het bloed.

Het homeopathische middel werd onderzocht en getest door Hahnemann en wordt aangewend ter behandeling van emotionele en lichamelijke symptomen van apathie, uitputting, lusteloosheid en somberheid. Deze symptomen kunnen worden veroorzaakt door te hard werken of studeren, of het gevolg zijn van een zware ziekte die tot uitdrogingsverschijnselen heeft geleid. Andere symptomen zijn gebrek aan eetlust, koud en rillerig zijn, duizeligheid (met name 's avonds) en een gevoel van neerwaartse druk op het hoofd. Fosforzuur wordt tevens gegeven tegen groeipijnen bij kinderen en aan mensen die vanwege seksuele gevoelens slecht slapen. De symptomen verergeren in koude, vochtige en tochtige omstandigheden en bij harde geluiden. Ze verminderen na een verkwikkende slaap en in een warme omgeving.

Physostigma venenosum
Afrikaanse Calabarstruik, heksenboon, heksenproefboon
Deze vaste klimplant kan wel vijftien meter hoog worden en is inheems in West-Afrika. De Calabarstruik werd in 1846 in Engeland geïntroduceerd en groeit daar in de botanische tuinen van Edinburgh. De plant bloeit met paarse, langgerekte bloemen, na de bloei verschijnen er donkerbruine zaden in capsules van zo'n vijftien centimeter lang. De zaden zijn uiterst giftig en dienden voor de inwoners van West-Afrika als middel om te testen of iemand behekst was. Als de persoon in kwestie moest braken nadat hij of zij gedwongen was de zaden eten, werd hij of zij onschuldig geacht, maar als de dood volgde, werd de man of vrouw als heks beschouwd.

Het gif leidt tot verzwakking van het centraal zenuwstelsel, een vertraagde polsslag, een verhoogde bloeddruk en de dood kan intreden als gevolg van aantasting van de luchtwegen. Preparaten die uit de zaden worden bereid zijn ook miotisch, wat wil zeggen dat de pupillen snel kleiner worden. De voornaamste toepassing in de kruidengeneeskunde is dan ook bij oogaandoeningen. Voor de bereiding van het homeopathische middel worden de rijpe bonen of zaden gebruikt.

Het wordt gegeven bij ernstige aandoeningen waarbij sprake is van spierspasmen, zoals tetanus, meningitis en poliomyelitis. Tevens dient het als remedie tegen andere aandoeningen die worden gekarakteriseerd door verminderd functioneren van spieren of zenuwen, of verlamming, zoals bij de ataxia van Friedreich (een vorm van coördinatiestoornis), de spierziekten ASL (amyotrofische lateraal sclerose) en MS (multiple sclerose). Het middel kan ook worden aangewend bij diarree, braken, koorts, transpireren, uitputting en hartkloppingen waarbij de pupillen zeer sterk zijn verkleind.

Phytolacca deccandra
Phytolacca; karmozijnbes

Deze plant is inheems in de Verenigde Staten en Canada, maar komt ook voor in de landen rond de Middellandse Zee en China. Karmozijnbes ziet er opvallend uit en bloeit met witte bloemen, die worden opgevolgd door groepjes glanzende zwarte bessen. De oranje gekleurde, vlezige wortel is het gedeelte dat voor de bereiding van het homeopathische middel wordt benut, maar in de kruidengeneeskunde worden zowel de wortel als de bessen gebruikt. Preparaten die van deze plant zijn gemaakt hebben een purgerende, braakopwekkende en herstellende eigenschappen.

De indianen van Amerika gebruikten de karmozijnbes om braken op te wekken, de darmen in beweging te brengen en als stimulerend middel voor het hart. Tevens werd de plant benut om er huidaandoeningen mee te behandelen. De Europeanen gebruikten hem tegen verdikkingen in de borst, tumoren en ontstoken borsten (mastitis). In de kruidengeneeskunde wordt karmozijnbes aangewend tegen huidaandoeningen, ringworm en schurft, chronische reuma, bindvliesontsteking (conjunctivitis) en hevige menstruatiepijn.

In de homeopathie wordt het middel gegeven bij kleine, harde verdikkingen in de borst of tumoren, die zowel goed- als kwaadaardig kunnen zijn, en bij borstontsteking. De borsten kunnen warm aanvoelen, opgezet zijn en pijn doen wanneer ze worden aangeraakt – de pijn is stekend. Tevens wordt het middel gebruikt ter behandeling van hevige keelpijn en problemen bij het slikken, waarbij sprake is van veel pijn, roodheid en ontsteking. Deze symptomen kunnen zich voordoen in samenhang met ontstoken amandelen (tonsillitis), strottenhoofdontsteking (pharyngitis) en difterie. De symptomen verergeren door te slikken, te bewegen en warme dranken te drinken, en in een koude, vochtige en tochtige omgeving. Ze verminderen bij warm en droog zonnig weer, na het nuttigen van koude dranken en bij voldoende rust.

Picricum acidum
Picrinezuur
Deze giftige stof wordt verkregen via een chemische reactie tussen salpeterzuur, zwavelzuur en carbolzuur. Sinds de stof in 1868 voor het eerst werd onderzocht en beproefd voor homeopathisch gebruik, heeft men die aangewend ter behandeling van extreme uitputting die gepaard gaat met mentale en intellectuele onverschilligheid en apathie. Deze verschijnselen treden in de regel op na een lange periode van intense intellectuele activiteit, zoals bij studenten die blokken voor tentamens.

De patiënt voelt zich over het algemeen zwaar en lethargisch en is te moe om een gesprek te voeren of helder te denken. Vaak komen een verdovende hoofdpijn en pijnlijke ogen voor, of er verschijnt een steenpuist aan het uitwendige gedeelte van het oor. Deze symptomen kunnen eveneens optreden door groot verdriet. Ze verergeren bij lichamelijke of intellectuele activiteit en in een warme omgeving. Ze verminderen door te rusten in een koele omgeving en bij zonnig maar niet te warm weer.

Pilocarpus jaborandi, Pilocarpus microphyllus
Jaborandi

Het middel dat bekendstaat als jaborandi wordt gewonnen uit de bladeren van de *Pilocarpus*, een heester die inheems is in Brazilië. De bladeren bevatten een etherische olie en het belangrijkste werkzame bestanddeel hiervan is de alkaloïde stof pilocarpine. Preparaten die van de bladeren worden gemaakt hebben vocht-afdrijvende eigenschappen, die leiden tot transpireren, en zijn eveneens stimulerend en slijmoplossend. Pilocarpine doet de pupillen samentrekken.

In de kruidengeneeskunde wordt jaborandi gebruikt bij de behandeling van diabetes, astma, huidaandoeningen, zoals psoriasis, verkoudheid en oedeem (vochtretentie). Tevens dient de stof als een tonicum in middelen die de haargroei bevorderen bij mensen die kaal worden of reeds zijn.

Het homeopathische middel wordt gegeven bij diverse aandoeningen van de ogen en het gezicht, bij transpireren vanwege de overgang, bij een overactieve schildklier en bij de bof.

Plantago major
Weegbree

Dit veelvoorkomend kruid uit Europa is door kolonisten in de Nieuwe Wereld geïntroduceerd. De plant wordt al heel lang voor medicinale doeleinden gebruikt en wordt beschreven door Erasmus en Plinius. In Engeland was weegbree een ingrediënt voor vele oude geneesmiddelen. In het verleden werd de plant aangewend om wonden en uitwendige bloedingen te behandelen, bij giftige beten en bij aandoeningen van de darmen en nieren. Weegbree diende tegen aambeien en als middel tegen diarree.

In de moderne kruidengeneeskunde en in de homeopathie zijn deze toepassingen gebleven. Voor de bereiding van het homeopathische middel wordt de hele verse plant gebruikt en soms wordt het benut als oertinctuur. Het is werkzaam tegen aambeien, kiespijn, abcessen in de mond en tegen zenuwpijn in het aangezicht. Tevens wordt weegbree aangewend bij de behandeling van aandoeningen zoals diabetes, waarbij grote hoeveelheden urine worden afgescheiden. De meeste symptomen treden op aan de linkerkant van het lichaam en verergeren bij beweging, kou en hitte, en bij tocht.

Platinum metallicum
Platina

Platina werd in de achttiende eeuw in Zuid-Amerika ontdekt. Het wordt beschouwd als een kostbaar metaal en wordt gebruikt om sieraden van te maken. Ook wordt het toegepast in de elektronica, voor vullingen van kiezen en tanden en om er chirurgische pennen mee te vervaardigen waarmee gebroken botten aan elkaar worden gezet.

Het homeopathische middel wordt vrijwel uitsluitend aangewend bij aandoeningen van de vrouwelijke geslachtsorganen, die gepaard kunnen gaan met emotionele problemen. Hiertoe behoren pijn in de eierstokken, krampen van de spieren in de vagina waardoor seksuele gemeenschap wordt bemoeilijkt (vaginisme), zware bloedingen tijdens de menstruatie, uitblijven van de menstruatie en genitale jeuk. De vrouw in kwestie kan een verdoofd gevoel ervaren, rillerig zijn en last hebben van aangespannen spieren. Ze is erg bang voor gynaecologisch onderzoek en alles wat daarbij komt kijken. De symptomen verergeren door aanraking en lichamelijk contact en door vermoeidheid. Ze zijn 's avonds het sterkst voelbaar, maar worden verlicht door de frisse buitenlucht in te gaan.

Vrouwen die goed op platina reageren stellen aan henzelf en anderen zeer hoge eisen, waaraan vrijwel niet te voldoen is. Vandaar dat ze zich als iets niet lukt uit het veld geslagen voelen en de neiging hebben somber en prikkelbaar te worden. Ze verliezen zich in het verleden waarvan ze denken dat het beter was dan het heden. Ze kunnen cynisch worden en minachtend doen over de inspanningen van anderen.

Plumbum metallicum
Plumbum met.; lood

Lood is de mensheid al eeuwenlang van nut geweest en werd

veelvuldig gebruikt door de Romeinen, vooral om er leidingen van te maken. In de eeuwen daarna bleef men lood winnen en toepassen. Het metaal wordt voor allerlei verschillende doeleinden gebruikt: bij dakbedekkingen, om er gewichten en munitie van te maken, bij de vervaardiging van potloden, pottenbakkersglazuur en verf, en als additief in brandstof voor gemotoriseerde voertuigen.

Het is echter al geruime tijd bekend dat lood giftig is voor de mens als er meer dan een bepaalde hoeveelheid van lood aanwezig is in het lichaam. Vroege symptomen van loodvergiftiging zijn aanhoudende constipatie, spierzwakte, een bleke huid en een blauwe lijn langs tandvlees en tanden (het gevolg van de aanwezigheid van loodsulfide). In intellectueel opzicht wordt de patiënt traag en functioneert hij of zij minder goed en er kunnen gedragsveranderingen optreden, die vooral bij kinderen opvallen. In een later stadium krijgt de patiënt last van koliekachtige pijnen in het onderlichaam, slapte in polsen en voeten, tremoren, toenemende spierzwakte en verlamming. Er kunnen zich spasmen en degeneratie van de hersenen voordoen, die leiden tot de dood als ze te laat worden gediagnosticeerd en behandeld.

Het homeopathische middel wordt aangewend om chronische aandoeningen van sclerotische aard te behandelen, dat wil zeggen aandoeningen waarbij sprake is van een verharding van de aangedane weefsels. Hiertoe behoren arteriosclerose en atherosclerose, de ziekte van Parkinson en multiple sclerose. Tevens is het middel werkzaam bij koliek, constipatie, spierzwakte, tremoren en urineretentie. De symptomen verergeren door beweging en zijn 's avonds en 's nachts het sterkst voelbaar. Ze verminderen door warmte en door stevige druk uit te oefenen op het aangedane lichaamsdeel, of door dat te masseren.

Mensen die gevoelig zijn voor lood kunnen zich vaak slecht concentreren en hun intellectuele vermogens worden gehinderd door hun ziekte. Ze kunnen een slecht geheugen hebben en het moeilijk vinden zich helder uit te drukken. Deze verstandelijke handicap kan de patiënt lethargisch maken en hem snel zijn geduld tegenover anderen doen verliezen.

Podophyllum peltatum

Podophyllum; voetblad

Deze kruidachtige vaste plant is inheems in de Verenigde Staten en Canada. De stengel kan dertig tot zestig centimeter lang worden en is voorzien van grote, ingesneden bladeren en witte bloemen die onaangenaam ruiken. Later ontwikkelen zich gele, eetbare vruchten, maar de bladeren en wortel zijn giftig. De plant heeft een geelbruine wortelstok en wortels, die zowel in de kruidengeneeskunde als in de homeopathie worden gebruikt. Preparaten die uit de plant worden bereid hebben purgerende en braakopwekkende eigenschappen en werken sterk in op de lever en spijsverteringsorganen. De plant werd door de inheemse Amerikaanse volkeren gebruikt om parasieten (wormen) te verdrijven en als middel tegen doofheid.

Het homeopathische middel wordt gegeven bij spijsverteringsklachten zoals braken en diarree bij buikgriep (gastro-enteritis), bij galstenen, koliekachtige pijnen en winderigheid. Er kunnen afwisselend aanvallen van diarree en constipatie optreden. De symptomen zijn het sterkst voelbaar in de ochtend en bij warm weer. Ze verminderen door het onderlichaam te masseren en door op de buik te gaan liggen.

Primula veris

Gulden sleutelbloem, echte of gewone sleutelbloem

Deze bekende en fraaie wilde plant komt algemeen voor in schaduwrijke bossen in Europa. De sleutelbloem bloeit met fijne gele bloempjes en die vormen het gedeelte dat in kruidenmiddelen en homeopathische middelen wordt gebruikt. Preparaten die uit deze plant zijn bereid hebben een kalmerende en krampwerende werking. De bloemen werden vroeger ook gebruikt om er wijn van te maken, en de bladen werden ooit als salade gegeten.

Het homeopathische middel wordt aangewend bij ernstige symptomen van verhoogde bloeddruk en een dreigende beroerte. Hiertoe behoren verwardheid en duizeligheid, hoofdpijn en een gevoel van kloppende warmte.

Prunus laurocerasus
Laurierkers
Deze vrij kleine winterharde plant is inheems in Rusland, maar
groeit ook in Europa en in sommige delen van Azië. De heester
heeft donkere, glanzende bladeren en witte bloemen, gevolgd
door groepjes zwarte, kersachtige vruchten. De verse bladeren
worden gebruikt om er kruidenmiddelen en homeopathische
middelen van te bereiden. Ze geven een karakteristieke amandel-
geur af doordat er blauwzuur in zit. De heester is populair in Europese tuinen en is aan het eind van de zestiende eeuw in Europa
geïntroduceerd. De bladeren worden voornamelijk gebruikt om
er in de kruidengeneeskunde laurierkerswater van te maken en
preparaten van deze plant hebben een kalmerende werking. Ze
worden aangewend bij hoest en krampen, vooral bij kinkhoest en
astma.

Het homeopathische middel dient ter behandeling van ernstige symptomen van kortademigheid en cyanose (een blauwachtig
waas op de huid veroorzaakt door zuurstofgebrek in het bloed)
die gepaard gaat met krampachtige hoest. De symptomen worden veroorzaakt door ernstige aandoeningen van het hart of de
longen.

Psorinum
Dit middel wordt verkregen uit het vocht van schurftblaasjes en
werd door Hahnemann onderzocht en beproefd. Hahnemann
schreef uitgebreid over de ontwikkeling van chronische ziekten.
Hij geloofde dat de schurftblaasjes bij bepaalde mensen duidden
op een onderliggende aandoening. Hoewel de blaasjes zelf kunnen genezen en verdwijnen, zou deze onderdrukte ziekte (of
MIASMA) aanwezig blijven en schade aanrichten in het lichaam.
De ziekte zou zelfs van generatie op generatie kunnen worden
doorgegeven.

De symptomen of aandoening die met het schurftmiasma in
verband worden gebracht, worden psora genoemd en betreffen
voornamelijk de huid. Deze is droog, gebarsten en pijnlijk en er
kan sprake zijn van infecties die gepaard gaan met blaasjes die

met pus zijn gevuld. Tevens zouden spijsverteringsstoornissen, met name diarree en indigestie, uitputting, somberheid en een pessimistische kijk op het leven veel voorkomende uitingen van psora zijn. Het middel psorinum wordt gegeven om de bovenstaande symptomen te behandelen en ook bij bepaalde aandoeningen van de ademhalingswegen, zoals hooikoorts, en algehele zwakte. Tot de darmstoornissen die ermee te behandelen zijn, behoren het prikkelbare-darmsyndroom en diverticulitis (ontsteking van uitstulpingen aan bijvoorbeeld de slokdarm, de dikke darm of de urineblaas). Huidaandoeningen, zoals eczeem, acne, dermatitis (huidontsteking), steenpuisten en zweren kunnen allemaal goed op psorinum reageren.

Mensen die gevoelig zijn voor dit middel zijn meestal zorgelijk, pessimistisch en somber van aard. Ze zijn bang voor alles wat er in het leven verkeerd kan gaan. Ze zijn erg gevoelig voor kou en hebben het ook midden in de zomer vaak koud. Niet zelden ervaren ze een knagende honger en hebben ze een vorm van hoofdpijn die wordt verholpen met eten. Ze kunnen het idee hebben dat vrienden en familie hen in de steek hebben gelaten. De symptomen verergeren bij koud winterweer en ook wanneer de patiënt het te warm krijgt, ofwel in bed, ofwel door lichamelijke inspanning, ofwel doordat hij of zij te veel kleren draagt. Ze verminderen in de zomer, door te rusten met de ledematen wijd uitgespreid en in een warme omgeving.

Ptelea trifoliata
Ptelea, lederboom

Deze kleine, struikachtige boom, die tussen de twee en drie meter hoog kan worden, is inheems in de Verenigde Staten en Canada. De bast van de wortel is het gedeelte waarvan zowel in de kruidengeneeskunde als de homeopathie middelen worden bereid. Deze bast heeft een vrij sterke geur, een bittere smaak en een versterkende werking op met name de lever en de spijsverteringsorganen.

Het homeopathische middel wordt voornamelijk gebruikt bij leveraandoeningen, zoals hepatitis en een vergrote en gevoelige lever. De patiënt voelt zich niet lekker en heeft een zwaar gevoel in de leverstreek. Tevens wordt het middel aangewend bij spijsverteringsstoornissen, vooral bij indigestie, en bij reuma. Alle symptomen komen meestal aan de rechterkant van het lichaam voor en verergeren wanneer de patiënt op zijn of haar rechterzij gaat liggen.

Pyrogenium

Pyrogenium werd in 1880 door dr. John Drysdale als homeopathisch middel geïntroduceerd. Het was een mengsel van rauw rundvlees en water, dat drie weken had gestaan. Na zeven bleef er een strokleurige vloeistof over – sepsine geheten – die na vermenging met glycerine de naam pyrogenium kreeg. Dr. Drysdale geloofde dat pyrogenium als het in grote hoeveelheden werd ingenomen sterk inwerkte op het bloed en dan bloedvergiftiging veroorzaakte.

In de moderne homeopathie dient pyrogenium als middel tegen bloedvergiftiging en infecties die langzaam genezen. De patiënt is in de regel koortsig, heeft pijn in de botten, een snelle polsslag en een gevoel van hitte of branden. Hij of zij voelt zich niet lekker, is rusteloos en kan aanzienlijke pijn hebben als sprake is van bijvoorbeeld een abces. De symptomen verergeren bij kou en tocht, maar verminderen wanneer de patiënt in beweging is.

Radium bromatum

Radium brom.; radiumbromide

Radiumbromide wordt verkregen uit radium, dat aan het eind van de negentiende eeuw door Pierre en Marie Curie werd ontdekt. Radium wordt in de reguliere geneeskunde gebruikt bij de bestraling van kankerpatiënten. Het wordt verkregen uit het radioactieve mineraal uraniet, dat tevens de belangrijkste bron van uranium is.

Radiumbromide maakt men langs chemische weg uit radium en het homeopathische middel wordt gebruikt bij de behandeling van huidaandoeningen waarbij sprake is van jeuk en branderigheid. Tot deze aandoeningen behoren eczeem, moedervlekken, zweren op de huid, acne, huidkanker, rosacea (een sterk ontsierende huidafwijking in het gezicht en een vergroting van de huidtalgklieren) en een droge, schilferige en pijnlijke huid. Tevens is het werkzaam tegen pijnlijke botten, zoals bij lumbago (spit, lendenpijn), reumatische en artritische aandoeningen, en botkanker. De pijnen kunnen zich van de ene kant van het lichaam naar de andere verplaatsen. De symptomen verergeren in de nacht en wanneer de patiënt na te hebben gerust weer in beweging komt. Ze verminderen wanneer hij of zij gaat liggen, gedurende enige tijd in beweging is of een warm bad neemt.

Ranunculus bulbosus
Knolboterbloem
De felgele boterbloem is in vele Europese landen een bekende zomerbloeier. Aan de basis van de bloemstengel zijn kleine, knolachtige verdikkingen te zien. Aanraking van de plant kan leiden tot blaarvorming en irritatie van de huid en de boterbloem wordt dan ook op vergelijkbare wijze benut als Cantharis (Spaanse vlieg).

Het homeopathische middel wordt aangewend als remedie tegen huidirritaties en blaren zoals die optreden bij gordelroos en eczeem, tegen reuma die gepaard gaat met vlammende pijnscheuten, en tegen borstvliesontsteking (pleuritis) waarbij de patiënt last heeft van veel pijn tijdens het ademhalen. Alle symptomen verergeren door kou en vocht, en wanneer de patiënt zich bang voelt. Hij of zij is meestal uitgeput en voelt zich onwel.

Raphanus sativus
Radijs
Er bestaan vele variëteiten van radijs die als rauwkostgroente worden gekweekt. In de kruidengeneeskunde wordt het sap van de radijs gebruikt als middel tegen galstenen en andere soorten stenen of gruis.

In de homeopathie wordt het middel aangewend tegen winderigheid. Het kan na een operatie worden gegeven als de patiënt onvoldoende levendig is of het darmkanaal in zekere mate verlamd is.

Ratanhia

Kameria triandra; ratanhiawortel

Deze lage heester, die bloeit met fraaie grote rode bloemen, is inheems in Peru, waar de plant in een droge, zanderige bodem in de bergen groeit, tot op wel 2,5 km hoogte. De naam *Ratanhia* verwijst naar het woekerende karakter van de plant in de taal van de Peruviaanse indianen. De plant heeft sterke wortels die zowel in de kruidengeneeskunde als in de homeopathie worden gebruikt. Preparaten van deze plant hebben adstringerende en versterkende eigenschappen en dienden ter behandeling van scheurtjes en bloedingen aan de anus, diarree, urine-incontinentie en zware bloedingen tijdens de menstruatie.

Het homeopathische middel wordt aangewend tegen constipatie waarbij zich pijnlijke aambeien vormen. De pijn voelt alsof er scherpe glassplinters in het rectum zitten. De patiënt kan het merkwaardige gevoel hebben dat er koud water over zijn kiezen loopt.

Rhododendron chrysanthemum

Rhododendron, gele rhododendron

Deze lage heester of struik heeft een sterk vertakte, roodachtige stam en kan zo'n vijfenveertig tot zestig cm hoog worden. De bladeren zijn ovaal en lijken op die van de laurier. De plant, die bloeit met grote, fraaie goudgele bloemen, is inheems in bergachtige streken van Siberië, Azië en Europa. In de kruidengeneeskunde werd hij al lange tijd gebruikt om reumatische aandoeningen en jicht mee te behandelen.

In de homeopathie wordt het middel eveneens aangewend ter behandeling van jicht en van reuma en artritis. De belangrijkste symptomen zijn warme, opgezette gewrichten en veel pijn. Het middel wordt eveneens benut bij stekende zenuwpijnen rond de ogen en in het aangezicht, pijn in de testikels, hoge koorts die gepaard gaat met verwardheid en ijlen en bij zware hoofdpijn.

Mensen die baat hebben bij deze remedie zijn vaak tobberig van aard. De symptomen verergeren wanneer er onweer dreigt, tijdens de nacht en wanneer de patiënt langere tijd stilstaat, rust, en net in beweging komt. Ze verminderen door warmte en na het nuttigen van een maaltijd.

Rosa canina
Hondsroos
De bekende hondsroos is een aantrekkelijke struik die in de zomer bloeit met fraaie, subtiel geurende witte of roze bloemen. Later vormen zich roodgekleurde rozenbottels, die de zaadjes bevatten waarvan rozenbottelsiroop wordt gemaakt. De rozenbottels hebben adstringerende en verkoelende eigenschappen en zijn een uitstekende bron van vitamine C. Ze worden in de kruidengeneeskunde gebruikt tegen diarree, hoest en het ophoesten van bloed, zoals kan gebeuren bij tuberculose, tegen koliek en tegen nierstenen.

In de homeopathie wordt het middel dat van rozenbottels wordt gemaakt, aangewend tegen aandoeningen van de blaas en prostaatklier, die worden gekenmerkt door een moeizame en trage uitscheiding van urine.

Rosmarinus officinalis
Rozemarijn
Dit kleine, altijdgroene kruid is inheems in de aride, rotsige heuvels langs de kust van de Middellandse Zee, maar kan ook in het binnenland worden gekweekt. In Europa wordt dat al eeuwenlang gedaan, zowel voor culinaire als voor medicinale doeleinden. Vroeger geloofde men dat de plant zou inwerken op de hersenen en het geheugen zou verminderen, waardoor rozemarijn werd geassocieerd met positieve zaken als herinnering, trouw en vriendschap. Rozemarijn werd verwerkt in bruidsboeketten en grafkransen, werd als wierook verbrand bij religieuze feesten en zou magische eigenschappen bezitten. Het kruid werd verbrand of opgehangen als antiseptisch middel in ziekenkamers en ziekenhuizen, en werd tussen kleding en linnengoed gestrooid te-

gen de motten. Rozemarijnolie werd uitwendig gebruikt tegen kaalheid, roos en jicht in handen en voeten, en vermengd met wijn om hoofdpijn, hartkloppingen en vochtretentie of oedeem tegen te gaan. Rozemarijnolie wordt gewonnen uit de bloeiende twijgjes of toppen van de plant.

Het homeopathische middel wordt aangewend tegen geheugenverlies en concentratieproblemen, en tevens tegen kaalheid.

Rumex crispus
Krulzuring

Deze zuringsoort komt veel voor op braakliggende terreinen en in wegbermen en heeft bladeren die aan de uiteinden gekruld en gerimpeld zijn. De plant kan ongeveer een meter hoog worden en heeft grote groene bladeren. In de kruidengeneeskunde wordt de wortel gebruikt, die laxerende en versterkende eigenschappen heeft.

Het homeopathische middel wordt bereid uit de hele bloeiende plant. Het wordt aangewend tegen huidaandoeningen die gepaard gaan met jeuk, verstopping van de neus in combinatie met de afscheiding van dik, plakkerig slijm, en tegen diarree en spijsverteringsstoornissen. De symptomen verergeren bij kou en tocht, en verminderen bij warmte en hitte.

Sabadilla officinarum
Sabadilla; *Asagrea officinalis, Veratum sabadilla*, sabadilkruid

Deze lelieachtige plant groeit in het zuiden van de Verenigde Staten, Mexico en Centraal-Amerika (Venezuela en Guatemala). Voor de vervaardiging van het kruidenmiddel en het homeopathische middel worden de zaden gebruikt. De middelen zijn al vanaf de zestiende eeuw in Europa bekend. De preparaten kunnen bij inwendig gebruik giftig zijn en leiden tot hevig braken en hevige diarree. Vroeger werden ze in Europa gebruikt om inwendige parasieten (wormen) te doden en tegen luizen. Men wendde ze tevens aan ter behandeling van reuma, jicht en zenuwpijn. Sabadilkruid leidt tot ademhalingsproblemen die lijken op die van een verkoudheid, zoals niezen, een loopneus, waterige en jeukende ogen, hoesten, hoofdpijn en een zere keel.

Het homeopathische middel wordt benut om deze symptomen te behandelen en ook als remedie tegen spoelworm. De symptomen verergeren bij kou en tocht en verminderen bij warmte en wanneer de patiënt zich warm kleedt.

Sabal semilata

Sabal; sabalpalm, dwerg palmetto, moeraspalm

Deze palmachtige boom kan twee tot drie meter hoog worden en heeft een kroon van grote, gekartelde bladeren. Hij komt voor aan de kusten van South Carolina en Florida, en in het zuiden van Californië. De palm draagt onregelmatig gevormde, ovale en donkerbruine bessen en de zaden die daarin zitten zijn een bron van vette olie. Ze vormen belangrijk voedsel voor wilde dieren, die er hun lichaamsgewicht mee op peil houden. De middelen die in de kruidengeneeskunde en de homeopathie worden gebruikt, worden van de verse bessen en zaden gemaakt. Ze hebben kalmerende, versterkende en vochtafdrijvende eigenschappen.

Het homeopathische middel wordt voornamelijk aangewend ter behandeling van een vergrote prostaatklier, waardoor het urineren traag en moeizaam is en met veel pijn gepaard gaat. Seksuele gemeenschap kan pijnlijk zijn en de patiënt heeft last van algehele vermoeidheid en verlies van libido. Tevens kunnen de testikels en borsten ontstoken zijn (mastitis), en warm, opgezet en gevoelig aanvoelen.

Mensen die goed op sabal reageren zijn bang om in slaap te vallen. De symptomen verergeren in koude, vochtige omstandigheden en als anderen hun medeleven betonen. Ze verminderen bij warm, droog weer en in een warme en droge omgeving.

Sabina cacumina

Zevenboom

De heester of kleine altijdgroene boom *Juniperus sabina* is inheems in de noordelijke staten van Noord-Amerika en enkele Europese landen. De plant wordt gekweekt in Engelse tuinen en de verse uitlopers worden gebruikt om er het kruidenmiddel en homeopathische middel van te bereiden. Preparaten die van deze plant zijn vervaardigd hebben in grote doses een irriterende en giftige werking. Ze werken sterk in op de baarmoeder en leiden tot bloedingen. In de kruidengeneeskunde wordt het middel uitwendig gebruikt bij huidaandoeningen, vooral om infecties te laten doorbreken.

In de homeopathie wordt het middel gegeven bij bloedingen van het rectum of de baarmoeder, waarmee stekende of brandende pijnen gepaard gaan. Eveneens bij blaasontsteking (cystitis), zware bloedingen tijdens de menstruatie en spataderen.

Salvia officinalis
Salie

Salie is een bekend tuinkruid dat al eeuwenlang in Europa wordt gekweekt. Er bestaan diverse variëteiten, maar de wilde vorm komt voor in de warmere streken van Europa en langs de kust van de Middellandse Zee. Salie wordt al lange tijd hooggeacht als smaakmaker in de keuken en om er een soort 'thee' van te zetten. Het wordt ook al van oudsher als geneeskrachtig kruid aangewend en diende dan ter behandeling van leveraandoeningen, verwondingen, zweren en bloedingen, met name het ophoesten van bloed, hoofdpijn en reumatische pijnen, keelinfecties, als middel tegen slangenbeten en als versterkend middel voor de hersenen en het geheugen.

Het homeopathische middel wordt bereid uit de verse bladeren en bloemen, en saliepreparaten hebben adstringerende en versterkende eigenschappen, evenals een kalmerend effect op de spijsverteringsorganen. Het middel wordt aangewend tegen heesheid en keelpijn, aften of zweren in de keel, en bloedend of ontstoken tandvlees.

Sanguinaria canadensis
Sanguinaria; bloedwortel

Deze fraaie, vaste plant is inheems in Noord-Amerika en Canada, waar de bloedwortel in een rijke bodem in bossen groeit. De plant bloeit met prachtige witte bloemen en heeft dikke, knolachtige en vlezige wortels, die oranjerood sap bevatten. Dit sap gebruikten de indianen vroeger als verfstof voor textiel en voor op de huid. De wortel, de groene delen van de plant, de vruchten en de zaden worden allemaal gebruikt voor de bereiding van de middelen uit de kruidengeneeskunde en homeopathie. De plant bevat een krachtige alkaloïde stof die sanguinarine wordt genoemd en die kleurloze kristallen vormt. In grote doses is deze stof giftig en inwendig gebruik leidt tot een branderig gevoel in de maag en braken, dorst, duizeligheid, gezichtsstoornissen, en mogelijk tot collaps of flauwvallen en de dood. In kleinere doses hebben de preparaten een braakopwekkende en slijmafdrijvende werking en werken ze ook in op de baarmoeder, waardoor de menstruatie wordt gestimuleerd.

Zowel in de kruidengeneeskunde als in de homeopathie worden de middelen aangewend bij aandoeningen van de borst en ademhalingswegen, zoals bronchitis, faryngitis (keelholteontsteking), astma en poliepen in de neus of keel. Tot de symptomen behoren droogheid en schraalheid, dorst, pijn in de borst die zich naar de rechterschouder kan uitbreiden, en een kroepachtige hoest. Tevens is bloedwortel een remedie tegen kinkhoest, verkoudheid en griep, hooikoorts, zware migraineachtige hoofdpijn die gepaard gaat met gezichtsstoornissen, en tegen reumatische pijnen in de rechterschouder. De symptomen treden vaak voornamelijk aan de rechterkant van het lichaam op en verergeren wanneer de patiënt op zijn rechterzij gaat liggen. Ze verergeren ook bij koud en vochtig weer, aanraken en beweging en bij het nuttigen van zoet voedsel. De symptomen verminderen in de avond, na slaap en wanneer de patiënt op zijn linkerzij gaat liggen.

Sanicula aqua
Sanicula

Sanicula is een waterbron in Ottawa in Canada en Illinois in de Verenigde Staten. Het water bevat diverse zouten en mineralen die op zich ook weer worden gebruikt om er homeopathische middelen van te vervaardigen. Het sanicula-middel wordt voornamelijk gegeven aan kinderen die een gevoelige maag hebben en na het eten constipatie of diarree krijgen, of die gauw last hebben van braken en misselijkheid, reisziekte en bedplassen. Kinderen die baat hebben bij deze remedie zijn ondanks een gezonde eetlust meestal tenger en hun stemming kan snel omslaan. Vaak zijn hun hoofd en voeten warm en zweterig. De symptomen verergeren door te bukken, neerwaartse bewegingen te maken of te vallen, maar verminderen wanneer het kind rust met weinig kleren aan en weinig beddengoed over zich heen.

Secale comutum
Secale; moederkoren

Moederkoren is een soort schimmel die in koren, tarwe en diverse andere grasachtige graangewassen voorkomt. De sporen van de schimmel ontkiemen en groeien op de stempels en vruchtbeginsels aan de top van het gras. Ze vormen kleine, zwarte, zaadachtige lichamen (sclerotia geheten, enkelvoud sclerotium), die er uiteindelijk af vallen wanneer de aren oogstrijp zijn. De sclerotia worden, voordat het graan oogstrijp is, in onvolgroeide vorm verzameld en hier wordt het homeopathische middel van gemaakt. Moederkoren staat al eeuwenlang als gifstof bekend. Er zijn gevallen van moederkorenvergiftiging voorgekomen na consumptie van voedsel gemaakt van met moederkoren besmet graan. Moederkoren bevat enkele krachtige alkaloïde stoffen en vergiftigingsverschijnselen zijn onder andere brandende pijnen, een kriebelend gevoel op de huid, ijlen, krampen, koudvuur, flauwvallen en de dood. De stoffen hebben een sterke invloed op de baarmoeder en andere gladde spieren, die worden samengetrokken, en eveneens op het centraal zenuwstelsel.

In de moderne homeopathie wordt het middel gebruikt ter behandeling van krampen in de aderen, zoals bij de verschijnselen van Raynaud (verdoofde en wit gekleurde, of rood gekleurde en branderige vingers en tenen), krampachtige pijn in de spieren van de benen, pijn in de baarmoeder en samentrekkingen die voor onregelmatige bloedingen zorgen, en niet-effectieve weeën tijdens de bevalling. De patiënt heeft een koude en verdoofde huid, maar voelt vanbinnen heet en branderig. (In de reguliere geneeskunde wordt moederkoren gebruikt om bloedingen na een bevalling of miskraam in de hand te houden.) De symptomen verergeren bij alle vormen van warmte of bedekken van het lichaam, en verminderen in de koele, frisse lucht en een koele en frisse omgeving.

Senecio aureus
Gouden kruiskruid
Deze vaste plant, die zo'n dertig tot zestig centimeter hoog kan worden, is inheems in Noord-Amerika en Canada, maar komt ook in Europa voor. Kruiskruid bloeit met goudgele bloemen en voor de bereiding van het kruidenmiddel en homeopathische middel wordt de hele plant gebruikt. Preparaten op basis van kruiskruid hebben adstringerende en vochtafdrijvende eigenschappen en werken tevens in op de baarmoeder, de borst en de longen.

Het homeopathische middel wordt aangewend bij uitblijvende of onregelmatige menstruatie, die eventueel gepaard gaat met pijn, bij verkoudheid die op de borst slaat, bij aandoeningen van de urinewegen, zoals nierstenen en blaasontsteking, en bij bloedingen, zoals een bloedneus.

Smilax officinalis, Smilax medica
Sarsaparilla; struikwinde
De bijzondere naam van deze plant is afgeleid van de twee Spaanse woorden sarza, wat 'braam' betekent, en parilla, wat 'klimplant' inhoudt. De plant heeft stekelige, doornige stengels en is inheems in Midden- en Zuid-Amerika. Sarsaparilla zou via Jamaica naar Europa zijn gebracht, maar wordt niet in West-Indië aangetroffen. Ooit werd sarsaparilla gebruikt als remedie tegen syfilis en rook van de verbrande plant werd geacht heilzaam te zijn tegen astma. Preparaten van de plant hebben vochtafdrijvende en versterkende eigenschappen en stimuleren de transpiratie. Voor de bereiding van zowel het kruidenmiddel als het homeopathische middel wordt de verse wortel gebruikt.

In de homeopathie wordt sarsaparilla aangewend bij aandoeningen van de blaas, nier en urinewegen, met name nierstenen die tot nierkoliek leiden en blaasontsteking. De patiënt moet erg vaak plassen, hoewel er dan telkens maar een beetje urine komt, wat gepaard gaat met brandende pijn. De urine is meestal troebel en bevat fijn gruis of steentjes. Er kan een lichte urine-incontinentie optreden, vooral wanneer de patiënt zit. Het middel wordt tevens aangewend tegen reuma die gepaard gaat met pijnen die 's nachts en bij kou, vocht en tocht erger worden. Tevens benut men het bij eczeem en een droge huid met pijnlijke, diepe kloven en scheurtjes.

Mensen die baat hebben bij sarsaparilla hebben vaak een droge, schilferige huid en puistjes. Hun huid ziet er in de lentemaanden het slechtst uit. De symptomen verergeren in de nacht en bij kou, vocht en tocht. Ze verminderen wanneer de patiënt rechtop staat of zijn of haar borst en hals onbedekt laat.

Solanum dulcamara
Dulcamara; bitterzoet, alfrank
Deze kruipplant groeit over struiken en heggen heen, kan zich over aanzienlijke afstand uitbreiden en wordt dan ondersteund door andere planten. Hij is inheems in veel Europese landen. De jonge stengels van de plant zijn groen en behaard, maar ze worden later houteriger en gladder. De plant bloeit met paarsblauwe bloemen, waarna zich bessen vormen die als ze rijp zijn felrood zijn. De stengels smaken als erop wordt gekauwd eerst bitter en daarna zoet (vandaar 'bitterzoet').

De dulcamara heeft als geneeskrachtige plant een lange geschiedenis die tot ver in het verleden teruggaat. De plant werd gebruikt als remedie tegen allerlei kwalen, met name huidaandoeningen, astma en borstaandoeningen, reuma en uitblijvende menstruatie.

Voor de bereiding van het homeopathische middel worden de jonge scheuten en twijgen, de bladeren en de bloemen gebruikt. Het middel wordt gegeven bij aandoeningen die erger worden bij – of veroorzaakt worden door – blootstelling aan kou en vocht of plotselinge afkoeling, zoals verkoudheid en hoest, irritatie van de slijmvliezen en bindvliesontsteking (conjunctivitis). Tevens bij huidaandoeningen, zoals eczeem, jeukende uitslag, ringworm, netelroos (urticaria) en wratten, kan het middel helpen. De symptomen verergeren bij koud, vochtig weer en bij temperatuursveranderingen. Ze verminderen door lichaamsbeweging, warmte en hitte.

Solidago virgaurea
Solidago; guldenroede

Deze bekende tuinplant komt voor in Europa, Azië en Noord-Amerika. De plant heeft groene bladeren en goudgele bloemen en wordt al lange tijd gewaardeerd als remedie tegen aandoeningen van de nieren en urinewegen. De groene delen worden gebruikt voor de bereiding van het homeopathische middel, dat wordt aangewend bij klachten als urineretentie, niet kunnen plassen en nierkoliek.

Spigelia anthelmia
Spigelia

Deze vaste plant is inheems in het noorden van Zuid-Amerika en in West-Indië, en een verwante soort, de *Spigelia marylandica*, komt in sommige staten van Noord-Amerika voor. De plant werd door de inheemse indianen gebruikt tegen darmparasieten en heeft in grote doses een verdovende en zeer giftige werking. De verse plant geeft een onaangename geur af en wordt geoogst en gedroogd om er het homeopathische middel van te maken.

Het middel wordt vooral gegeven wanneer de symptomen aan de linkerkant van het lichaam optreden en bij hartaandoeningen. Hiertoe behoren angina en aandoeningen van de hartkransslagader die gepaard gaan met veel pijn. Tevens wordt spigelia gegeven bij zenuwpijn, hoofdpijn en migraine aan de linkerkant van het hoofd, iritis (ontsteking van de iris in het oog) – aandoeningen waarbij de patiënt in alle gevallen veel pijn lijdt.

Mensen die gevoelig zijn voor dit middel, hebben een fobie voor lange, puntige en scherpe voorwerpen, zoals naalden. De

symptomen verergeren wanneer de patiënt op haar of zijn linkerzij ligt, door koude lucht, bij aanraking en beweging, en vlak voor
een onweersbui. Ze verminderen in een warme, droge omgeving, door op de rechterzij te gaan liggen, in de avond en wanneer
de patiënt rust met het hoofd omhoog.

Spongia tosta
Spongia; zeespons
Zeesponzen werden al in de vroege Middeleeuwen gebruikt bij
de behandeling van een vergrote schildklier (kroep), waarvan de
oorzaak een jodiumtekort is. Deze aandoening kan ontstaan als
de patiënt via zijn voeding onvoldoende jodium binnenkrijgt, als
er sprake is van een stoornis in de stofwisseling, of van een aandoening van de schildklier zelf. In meer recente tijden hebben
wetenschappers ontdekt dat sponzen van nature veel jodium bevatten.

Voor de bereiding van het homeopathische middel wordt ge-
roosterde spons gebruikt. Het wordt toegepast om er schildklieraandoeningen en kroep mee te behandelen. Er kan sprake zijn
van symptomen, zoals hartkloppingen, opvliegers, transpireren,
kortademigheid, warmte-intolerantie, angstigheid en nervositeit. Tevens wordt het middel aangewend tegen hartkwalen, zoals
een hartvergroting of aandoeningen van de hartkleppen. Tot de
symptomen behoren hartkloppingen, pijn, kortademigheid, uitputting en het gevoel door een zwaar gewicht verpletterd te worden. De patiënt kan rood aanlopen en bang worden dat hij gaat
sterven. De sponsremedie helpt tegen een schorre, droge en pijnlijke keel, zoals optreedt bij strottenhoofdontsteking (laryngitis),
en vooral wanneer een aandoening van de luchtwegen, zoals tuberculose, in de familie voorkomt. De symptomen verergeren
door beweging, aanraken, pogingen om te praten en door koude
dranken en in een koude omgeving. Ze verminderen bij warmte
en het eten van warme maaltijden en dranken, en door rechtop te
zitten.

Mensen die goed op spongia reageren zijn vaak tenger en
bleek, en hebben licht haar.

Stannum metallicum

Stannum met.; tin

Tin wordt verkregen uit het mineraal cassiteriet, dat in de vorm van donker gekleurde kristallen voorkomt in gesteente, zoals pegmaties en graniet, en in alluviale afzettingen in waterstromen en rivieren. Tin is een zacht, zilverkleurig metaal, dat lange tijd zijn nut voor de mensheid heeft bewezen en dat vele industriële toepassingen kent. In de geneeskunde diende het ooit als middel tegen lintworm.

In de moderne homeopathie wordt het middel gebruikt bij zware aandoeningen van de slijmvliezen van de borst, zoals bronchitis, laryngitis (strottenhoofdontsteking), astma en tracheïtis (acute ontsteking van de luchtpijp). De patiënt scheidt een dik, geelachtig slijm af en heeft een hese, droge hoest. Hij of zij voelt zich vaak erg slap, valt sterk af, is uitgeput, somber en huilerig. Dit middel kan ook worden gegeven bij zenuwpijn en hoofdpijn, vooral wanneer die optreedt aan de linkerkant. De pijnen kunnen geleidelijk beginnen en ook geleidelijk verdwijnen. De symptomen verergeren als de patiënt op zijn of haar rechterzij gaat liggen en warme dranken drinkt. Ze verminderen na het ophoesten van slijm en door stevige druk op het getroffen lichaamsdeel uit te oefenen.

Sticta pulmonaria

Sticta; longkruid

Deze plant, die in Europese landen een bekende verschijning is in tuinen, heeft grote, ovale groene bladeren die bespikkeld zijn met witte vlekjes, waardoor ze aan longen doen denken. De stengels worden zo'n dertig centimeter hoog en de bloemen zijn eerst rozeachtig, maar worden als ze helemaal opengaan paarsblauw. Preparaten die van deze plant zijn gemaakt hebben adstringerende eigenschappen en werken in op de slijmvliezen van de ademhalingswegen.

Het homeopathische middel wordt bereid uit de hele verse plant en wordt aangewend tegen verkoudheid, astma, longontsteking en reumatische aandoeningen. Het slijm is moeilijk op te hoesten en is erg taai. De symptomen verergeren tijdens de nacht en in een koude, vochtige omgeving. Ze zijn het sterkst voelbaar als de patiënt gaat liggen, maar door warmte treedt er verbetering op.

Strophanthus kombe, Strophantus hispidus
Strophantus

Deze klimplanten van de maagdenpalmfamilie zijn inheems in de tropische gedeelten van Oost-Afrika. De naam is afgeleid van twee Griekse woorden: *strophos* oftewel 'touw, gedraaid koord', en *anthos* oftewel 'bloem'. De plant vormt zaden die zeer giftig zijn en het gif werd vroeger door Afrikaanse stammen, waaronder de kombé, als pijlgif gebruikt bij de jacht. De meest werkzame bestanddelen zijn een glucoside stof die strofantine heet en een alkaloïde die inoeine heet. Preparaten die van de zaden worden gemaakt, hebben vergelijkbare effecten als digitalis (vingerhoedskruid) en worden gebruikt ter behandeling van aandoeningen van het hart en de bloedsomloop.

Het homeopathische middel wordt aangewend bij de behandeling van hartkloppingen, hartritmestoornissen en kortademigheid. Het is een nuttige remedie voor patiënten wier gezondheid is geschaad door te roken of alcohol te drinken.

Symphoricarpus racemosa
Sneeuwbes, koraalbes

Preparaten die van deze Noord-Amerikaanse plant worden gemaakt, hebben braakopwekkende en purgerende eigenschappen. Het homeopathische middel wordt gebruikt bij hevig braken en misselijkheid, inclusief ochtendmisselijkheid bij zwangere vrouwen. De patiënt heeft een verminderde eetlust en valt soms ook af.

Syphilinum
Dit middel wordt verkregen uit een stof die wordt afgescheiden door syfilispatiënten. Syfilis is een ernstige seksueel overdraagbare, bacteriële aandoening die de mensheid al eeuwenlang heeft

geplaagd. Hahnemann geloofde dat syfilis een van de drie hoofd MIASMA'S was, en dat er een overgeërfde component was uit voorgaande getroffen generaties.

Het homeopathische middel wordt aangewend bij de behandeling van chronische zweren en abcessen, vooral aan de geslachtsdelen. Tevens te gebruiken bij menstruatiepijn, zenuwpijn, zweren ten gevolge van bloedstuwing in de benen, constipatie en ontsteking van de iris van het oog (iritis). De patiënt kan pijn hebben in de lange botten en een zwak gebit. De symptomen verergeren bij erge warmte of kou, tijdens de nacht, aan zee en tijdens onweer. Ze verminderen door een wandelingetje te maken, overdag en wanneer de patiënt in bergachtige streken verblijft.

Mensen die gevoelig zijn voor dit middel zijn vaak angstig en tot het uiterste gespannen en ze hebben nerveuze trekjes, zoals overmatig knipperen met de ogen of een spierkramp of tic. Ze kunnen obsessief gedrag vertonen, zoals telkens weer controles uitvoeren of hun handen wassen. Soms vinden ze het moeilijk zich te concentreren en hebben ze een slecht geheugen. Ze kunnen problemen hebben met alcohol, drugs of roken.

Tammus communis
Spekwortel

Deze giftige klimplant komt veel voor in heggen, kreupelhout en open bossen op de Britse eilanden. Hij heeft hartvormige bladeren en witte bloemen, en vormt in de herfst felrode bessen. De plant heeft een donker gekleurde wortel, die in de kruidengeneeskunde en homeopathie het meest wordt gebruikt. Preparaten van de plant hebben vochtafdrijvende en blaartrekkende eigenschappen en helpen bij het verdwijnen van de kleur van blauwe plekken.

Het homeopathische middel wordt gebruikt ter behandeling van winterhanden en wintervoeten die pijnlijk zijn en rood, en die ontstoken raken en jeukerig zijn.

Terebinthinae oleum

Terebint; terpentijn

Terpentijn wordt verkregen uit bomen van de dennenfamilie (pijnbomen) en andere coniferen (kegeldragende naaldbomen) en heeft de vorm van een olieachtige, aromatische hars. Deze heeft vele industriële toepassingen, vooral als schoonmaakmiddel, in afbijt- en verdunningsmiddelen, en in producten die olie van pijnbomen bevatten. De stof veroorzaakt als hij wordt doorgeslikt een branderig gevoel, braken en diarree. Tevens ontstaan er blaren wanneer hij uitwendig op de huid wordt aangebracht en wanneer de dampen worden ingeademd zijn een verstikkend gevoel, niezen en hoesten het gevolg. Vroeger werd terpentijn gebruikt bij de behandeling van genitale infecties, zoals gonorroe.

Het homeopathische middel wordt bij vergelijkbare infecties gebruikt, als sprake is van ontsteking van de blaas en nieren. Hiertoe behoren cystitis (blaasontsteking) waarbij de patiënt vaak moet plassen, hij daarbij pijn heeft en er bloed in de urine zit, en nierontsteking die gepaard gaat met stekende pijnen in de rug. De urine is meestal troebel, bevat bloed en kan sterk ruiken. Tevens wordt het middel aangewend bij andere nieraandoeningen, die gepaard gaan met opgezette lichaamsdelen doordat de patiënt vocht vasthoudt (oedeem). De symptomen verergeren in de nacht en in een koude, vochtige en tochtige omgeving. Ze verminderen wanneer de patiënt in de frisse, schone buitenlucht wandelt en bij warmte.

Teucrium marum venum

Teucrium mar. ver.; gamander

Deze sterk aromatische plant is inheems in Spanje, maar komt ook voor in andere landen over de hele wereld. Zijn stengels vertakken zich en vormen een struik die zo'n zestig centimeter hoog kan worden. De kleine, ovale blaadjes hebben een saliegroene kleur en zijn licht behaard en de bloemen zijn fraai roze. Zowel de bloemen als de bladeren hebben een sterke geur, vooral wanneer ze worden fijngewreven. De plant heeft opwekkende en adstringerende eigenschappen en wordt in de kruidengeneeskunde al lange tijd bij diverse aandoeningen toegepast.

Voor de bereiding van het homeopathische middel worden alle verse delen van de plant gebruikt en het wordt aangewend ter behandeling van poliepen, oftewel kleine tumoren op de slijmvliezen. Deze kunnen voorkomen aan het rectum, de blaas of in de neusholten. Tevens wordt het middel benut tegen aandoeningen waarbij dik, taai slijm wordt gevormd dat moeilijk loskomt. Het middel kan worden gegeven tegen spoelwormen bij kinderen. De symptomen verergeren bij kou en vocht, bij plotselinge weersveranderingen en wanneer de patiënt het in bed warm krijgt en gaat zweten. Ze verminderen in de koele, frisse en schone buitenlucht.

Theridon curassavicum

Oranje spin uit Curaçao en andere delen van West-Indië

Dit spinnetje is zo groot als een erwt en zijn lijf is bedekt met oranje vlekjes. Aan de onderkant bevindt zich een grotere gele vlek, en het diertje komt vooral voor op Curaçao. Zijn beet is giftig en veroorzaakt onaangename symptomen als trillen, rillen, zweten, flauwvallen en grote angstigheid. Voor de bereiding van het homeopathische middel wordt de hele spin gebruikt. Het middel werd door dr. Constantine Hering voor het eerst onderzocht en beproefd in de vroege jaren dertig van de negentiende eeuw.

Het middel wordt aangewend bij aandoeningen van de ruggengraat, de zenuwen en de botten. Bij al deze aandoeningen is de patiënt uiterst gevoelig voor beweging, trillingen en geluiden, die hevige pijn kunnen veroorzaken. Tot de aandoeningen die hiermee kunnen worden behandeld, behoort ook de ziekte van Ménière, een ziekte aan het binnenoor waarbij doofheid en oorsuizingen (tinnitus) optreden die gepaard gaan met symptomen als duizeligheid en braken. Tevens is het middel werkzaam bij kiespijn, degeneratie van de botten en de ruggengraat die gepaard gaat met ontsteking en pijn, bij ochtendmisselijkheid, reisziekte, duizelingen, zware hoofdpijn, rillerigheid en flauwvallen. De symptomen verergeren door de ogen te sluiten, door alle soorten bewegingen en trillingen, door te bukken, door aanraking en tijdens de nacht. Ze verminderen door te rusten met de ogen open en in een warme en rustige omgeving.

Trillium erectum, Trillium pendulum
Trillium, Indiaanse klaver, drieblad
Planten die tot deze groep behoren zijn allemaal inheemse soorten in Noord-Amerika. *Trillium erectum,* die gedijt in een rijke, vochtige bodem in bossen en zo'n dertig tot veertig centimeter hoog kan worden, bloeit met witte bloemen. Preparaten die uit deze plant worden bereid hebben adstringerende, antiseptische en versterkende eigenschappen en de inheemse indianen gebruikten ze vroeger bij bevallingen en bloedingen, met name bloedingen van de baarmoeder.

Het homeopathische middel wordt aangewend ter behandeling van zware bloedingen van de baarmoeder, die in de menopauze door een vleesboom kunnen worden veroorzaakt. Het kan gegeven worden om een in een vroeg stadium dreigende miskraam te voorkomen.

Tuberculinum koch, Tuberculinum bovum
Dood, steriel tuberculeus weefsel afkomstig van mensen of vee
Dit middel werd aan het einde van de negentiende eeuw uitgebreid onderzocht en beproefd door dr. Compton Burnett, nadat dr. Robert Koch had ontdekt dat afgestorven tuberculeus materiaal werkzaam was bij de preventie en behandeling van tuberculose.

Het homeopathische middel wordt gegeven bij chronische aandoeningen die worden gekenmerkt door uitputting, bleekheid, een aanhoudende uitputtende hoest, hevige, nachtelijke transpiratie en pijn in de linkerlong. De klieren in de hals zijn vergroot en het oogwit (sclera) kan wat blauwachtig zijn. De symptomen treden af en toe op en kunnen zich verplaatsen. Vaak zit tuberculose bij de patiënt in de familie, of komt daar een ernstige aandoening van de ademhalingswegen voor, zoals astma.

Mensen die baat hebben bij deze remedie zijn meestal tenger, blond en blauwogig. Ze hebben gauw last van verkoudheid en borstklachten en het ontbreekt hun aan lichamelijke kracht en uithoudingsvermogen. Ze zijn vaak rusteloos en zijn voortdurend uit op verandering in hun persoonlijke leven en omgeving. Ze hunkeren naar opwinding, reizen en nieuwe romantische verbintenissen. Ze kunnen bang zijn voor honden of katten, en houden van melk en de smaak van gerookt voedsel.

Valeriana officinalis
Echte valeriaan

Valeriaansoorten komen voor in heel Europa en Noord-Azië en *Valeriana officinalis* gedijt in moerassige, vochtige grond in greppels en bij rivieren en waterstromen. De stengels kunnen zo'n negentig tot honderdtwintig centimeter lang worden, zijn voorzien van donkergroene bladeren en bloeien met lichtroze bloemen. De wortelstok wordt in de kruidengeneeskunde en in de homeopathie gebruikt en de plant heeft wat medicinale toepassingen betreft een lange geschiedenis. De plant stond in de Middeleeuwen in hoog aanzien, wat nog blijkt uit het woord waarvan de Latijnse naam is afgeleid: *valere* betekent 'gezond zijn'. Preparaten die uit deze plant zijn bereid werken sterk in op het centraal zenuwstelsel, ze hebben een kalmerende en krampwerende werking. Het homeopathische middel wordt gegeven bij symptomen van geestelijke opgewondenheid, zoals agitatie en rusteloosheid. Tevens wordt het gebruikt bij spierkrampen, hysterie, hoofdpijn en pijnen die zich van het ene lichaamsdeel naar het andere verplaatsen. De patiënt kan last hebben van slapeloosheid, hoofdpijn, diarree en rusteloosheid, in combinatie met een knagende honger en misselijkheid.

Veratum album
Verat. alb.; witte helleborus (kerstroos)

Deze plant komt in heel Europa voor, hoewel niet op de Britse Eilanden, en bloeit met een crèmewitte bloem. De wortelstok wordt in de kruidengeneeskunde en de homeopathie gebruikt en is uiterst giftig. Consumptie hiervan leidt tot diarree en braken, collaps of flauwvallen, spasmen en de dood. Preparaten die van de plant worden gemaakt hebben een stimulerende werking en kalmeren het hart. De witte helleborus heeft qua medicinaal gebruik een lange geschiedenis, die teruggaat tot de tijd van Hippocrates, en het middel werd in de homeopathie voor het eerst aan het eind van de jaren 1820 door Hahnemann onderzocht en beproefd.

Het homeopathische middel wordt aangewend in gevallen waarin sprake is van ernstige lichamelijke inzinkingen, shock die gepaard gaan met bleekheid, uitdrogingsverschijnselen, rillingen en mogelijk ook cyanosis (een blauw waas op de huid veroorzaakt door zuurstofgebrek in het bloed en in de lichaamsweefsels). De patiënt kan koud aanvoelen en een klamme huid hebben vanwege het transpireren. Het middel wordt eveneens aangewend bij diarree, zware en bonzende hoofdpijn, en geestelijke symptomen van extreme geagiteerdheid of diepe somberheid, suïcidale gevoelens, manie en agressie. Verat. alb. kan worden gegeven bij sterke menstruatiepijn of krampen tijdens de zwangerschap die tot flauwvallen leiden, en bij verval van krachten door een geestelijke schok of trauma. De symptomen verergeren door beweging, het nuttigen van koude dranken en tevens tijdens de nacht. Ze verminderen door warmte, hitte en warme maaltijden en dranken, en eveneens wanneer de patiënt rust neemt en gaat liggen.

Viburnum opulus
Gelderse roos, sneeuwbal, balroos
De Gelderse roos is een heester of kleine boom die voorkomt in kreupelhout en hagen in Europa en Noord-Amerika. Hij bloeit uitbundig met witte bloemen en later verschijnen er rode bessen aan de struik, die bitter smaken. De bast, die een bittere glucoside stof bevat die viburnine heet, is het gedeelte dat wordt gebruikt voor de bereiding van de middelen uit de kruidengeneeskunde en homeopathie. Preparaten van de bast helpen heel goed tegen krampachtige pijnen en krampen.

Het homeopathische middel dient om menstruatiepijn te behandelen, pijn in de eierstokken tijdens de ovulatie, en om een dreigende miskraam in het begin van de zwangerschap te voorkomen.

Vinca minor
Kleine maagdenpalm

Deze kruipende plant komt op vele plaatsen in Europa voor en heeft donkergroene bladeren en paarsblauwe bloemen. Maagdenpalm wordt al heel lang in de kruidengeneeskunde gebruikt; men wendde de plant vroeger aan tegen bloedingen, krampen, aambeien en huidontstekingen. Er hangt tevens veel bijgeloof rond deze plant; zo geloofde men dat de maagdenpalm kwade geesten kon weren. Maagdenpalmpreparaten hebben adstringerende en versterkende eigenschappen.

In de homeopathie wordt het middel aangewend bij zware bloedingen tijdens de menstruatie, aambeien en bij ontstekingen van de schedelhuid.

Viola tricolor
Driekleurig viooltje

Dit fraaie bloempje is inheems in grote delen van Europa en West-Azië tot aan de Himalaya. Het heeft afgeronde, groene bladeren en paars-geel-witte bloemen. Voor de bereiding van zowel het kruidenmiddel als het homeopathische middel wordt de hele plant gebruikt, die qua medicinaal gebruik een lange geschiedenis heeft. Het viooltje werd aangewend tegen een heleboel verschillende aandoeningen, zoals astma, epilepsie, huidaandoeningen, spasmen, en aandoeningen van het hart en het bloed. Preparaten die uit deze plant zijn bereid, hebben vochtafdrijvende eigenschappen.

In de homeopathie wordt het middel aangewend bij huidaandoeningen, zoals geïnfecteerd eczeem of impetigo. Er is sprake van een dikke, pusbevattende afscheiding en van korsten op de huid. Het middel wordt eveneens aangewend tegen bedplassen en urine-incontinentie.

Vipera communis
Addergif

De fraai getekende adder heeft een grijsachtige kleur met een donker zigzagpatroon over de hele lengte van zijn rug. Zijn beet is pijnlijk, maar zelden ernstig. Door de beet ontstaan zwellingen, ontstekingen en gaan de aderen bloeden die daarna kunnen opzetten.

Het homeopathische middel dat uit het addergif wordt bereid, wordt aangewend bij de behandeling van aderontsteking (flebitis), spataderen en zweren die gepaard gaan met zwellingen, ontsteking en pijn. Het been voelt zwaar aan, alsof het zou kunnen barsten. De symptomen verergeren bij aanraken, druk of door strakke kleding te dragen, en worden verlicht door het getroffen lichaamsdeel omhoog te leggen.

Viscum album
Maretak, mistletoe

Deze parasitaire plant komt door heel Europa voor en groeit in fruitbomen en andere bomen. Hij vormt witte bessen die in december rijp zijn, maar de bladeren en de twijgen worden in de regel gebruikt om het kruidenmiddel en homeopathische middel te bereiden. Preparaten van maretak werken in op het centraal zenuwstelsel en hebben versterkende, krampwerende en verdovende eigenschappen. Het middel werd vroeger aangewend tegen epilepsie, krampen en bloedingen. Er is veel oud bijgeloof verbonden aan de maretak en voor de oude druïden was het een heilige plant.

In de homeopathie wordt het middel aangewend als laatste redmiddel tegen zeer ernstige uitputtingsverschijnselen, een zwakke hartslag, een nauwelijks merkbare ademhaling en een lage bloeddruk.

Vitex agnus-castus
Agnus castus; kuisboom, monnikspeper

Deze aromatische struik is inheems aan de kust van de Middellandse Zee, maar komt ook voor in andere delen van Europa en in

Noord-Amerika. Hij heeft soepele, dunne twijgen, waarvan manden worden gevlochten, donkergroene bladeren en geurige bloemen. Na de bloei vormen zich donkere, paarsrode bessen die de zaden bevatten, en die worden gebruikt om er het kruidenmiddel en homeopathische middel van te maken. De plant werd door de oude Grieken geassocieerd met kuisheid. De kuisboom werd gebruikt ter behandeling van spierzwakte en verlamming, en wordt in de kruidengeneeskunde benut om de aanmaak van hormonen in de menopauze te stimuleren.

Het homeopathische middel wordt gegeven bij overgangsklachten en bij lichamelijke aandoeningen die ontstaan door alcohol- of drugsgebruik of door seksuele uitspattingen. Tot de symptomen behoren vermoeidheid, somberheid, verlies van libido, apathie en een onvermogen om zich te concentreren. Tevens dient het middel als remedie tegen postnatale depressie die gepaard gaat met verlies van libido en onvoldoende aanmaak van moedermelk. De symptomen verergeren in de ochtend en door inspanning en beweging, en worden verlicht door stevige druk uit te oefenen op het getroffen lichaamsdeel.

Zincum metallicum
Zinc. met.; zink
Zink is een essentieel sporenelement in het menselijk lichaam. Het is een bestanddeel van spijsverteringsenzymen en is noodzakelijk voor een normale groei. Zink wordt in de reguliere geneeskunde gebruikt als bestanddeel van crèmes en oliën die worden voorgeschreven bij diverse huidaandoeningen. Het metaal wordt ook inwendig toegepast bij bepaalde nerveuze aandoeningen, krampen en zenuwpijn.

Het homeopathische middel Zinc. met. wordt bereid uit zinksulfide en wordt aangewend ter behandeling van rusteloosheid, geagiteerdheid en nerveuze tics. De patiënt lijdt meestal aan grote geestelijke en lichamelijke uitputting, is prikkelbaar en zeer gevoelig voor geluid, gestoord worden of aanraking. De symptomen verergeren wanneer natuurlijke afweermechanismen worden afgeremd (bijvoorbeeld doordat de patiënt een middel inneemt dat een verkoudheid moet onderdrukken). Tevens verergeren ze door lawaai, aanraken, trillingen en alcoholische dranken, met name wijn. De symptomen verminderen wanneer de natuurlijke lichaamsfuncties gewoon kunnen plaatshebben en niet worden onderdrukt.

Zwavelzuur

Dit middel wordt gebruikt tegen geestelijke uitputting en somberheid, waarbij de patiënt rusteloos en geagiteerd is. De patiënt heeft een aanleg voor huidproblemen, zoals zweren en steenpuisten. Tot de overige symptomen behoren aften, bloedend tandvlees en somberheid.

Woordenlijst van homeopathische termen

aggravatie Term die voor het eerst werd gebruikt door dr. Samuel Hahnemann om de aanvankelijke verslechtering van de symptomen te beschrijven die bij sommige patiënten optrad, nadat ze voor het eerst het homeopathische middel gingen gebruiken, voordat hun toestand verbeterde. Om aggravatie te voorkomen experimenteerde Hahnemann met verdere verdunningen van homeopathische middelen en speciaal met het krachtig schudden (SUCCUSSEREN) van de preparaten in elke fase van hun bereiding.

allopathie Term die voor het eerst door dr. Samuel Hahnemann werd gebruikt en die letterlijk 'tegen ziekte' betekent. Het woord heeft betrekking op de benadering van de reguliere geneeskunde, die symptomen behandelt met een stof of medicijn die een tegenovergesteld effect heeft met het doel ze te onderdrukken of elimineren. Deze gedachte wordt de 'wet van tegengestelden' genoemd en staat lijnrecht tegenover de gedachte van 'het gelijke met het gelijkende genezen' of de 'wet van het gelijke', oftewel het *similia similibus curentur*-principe dat de kerngedachte vormt van de homeopathie.

biochemische zouten van Schussler Wilhelm Heinrich Schussler was een Duitse homeopaat die aan het eind van de negentiende eeuw de theorie van de biochemische weefselzouten lanceerde. Schussler meende dat veel symptomen en aandoeningen worden veroorzaakt door gebrek aan een kleine hoeveelheid van een desondanks essentieel mineraal of weefselzout. Hij benoemde twaalf van dergelijke zouten, die hij als essentieel beschouwde, en geloofde dat genezing kon worden bereikt door de ontbrekende stof te vervangen. Schusslers werk was sterk gebaseerd op cel- en weefselbiologie en niet zo-zeer op de holistische visie op de mens die de homeopathie propageerde.

centesimale verdunning De in de homeopathie gehanteerde verdunningsgraad die gebaseerd is op 1 deel (of druppel) van het middel op 99 delen van de verdunningsvloeistof (een mengsel van alcohol en water).

constitutionele middelen en typen Theorie in de homeopathie, die gebaseerd is op het werk van dr. James Tyler Kent, die zegt dat middelen slechts op adequate wijze kunnen worden voorgeschreven wanneer de persoon van de patiënt als geheel in aanmerking wordt genomen, dus zowel diens lichamelijke als emotionele eigenschappen, naast de symptomen van een ziekte of aandoening.

decimale verdunning De in de homeopathie gehanteerde verdunningsgraad, die gebaseerd is op 1 deel (of druppel) van het middel op 9 delen van de verdunningsvloeistof (een mengsel van alcohol en water).

genezingscrisis Situatie waarin een groep van symptomen aanvankelijk verergert, nadat de patiënt het homeopathische middel is gaan gebruiken, voordat ze verminderen en verdwijnen. De genezingscrisis wordt beschouwd als een indicator van verandering en aanstaande verbetering. Meestal duurt deze crisis kort (zie ook AGGRAVATIE).

homeopathie Geneeskundige richting, die gebaseerd is op het principe 'het gelijke met het gelijkende genezen', die door Samuel Hahnemann werd gesystematiseerd. Het woord is afgeleid van de Griekse woorden *homo*, dat 'gelijk' betekent, en *pathos*, dat 'lijden' of '(als een) ziekte' betekent.

klassieke homeopathie De homeopathische praktijk, die gebaseerd is op het werk van dr. Samuel Hahnemann, die door anderen, met name door dr. Constantine Hering en dr. James Tyler Kent, verder is ontwikkeld en uitgebreid.

levenskracht 'Levenskracht' noemde Samuel Hahnemann de aangeboren kracht of het aangeboren vermogen van het menselijk lichaam om zichzelf gezond en fit te houden en ziekten af te weren. Ziekte zou volgens deze gedachte het gevolg zijn van stress, waardoor er een onbalans in de levenskracht ontstaat. Mensen staan hier hun leven lang aan bloot en ook overgeërfde factoren, omgevingsfactoren en emotionele factoren spelen hierbij een rol. De symptomen van zo'n 'stoornis' zijn ziekteverschijnselen, die worden opgevat als lichamelijke indicatoren van de strijd die de levenskracht van het lichaam levert om zijn evenwicht te hervinden. Iemand met een sterke levenskracht zal voornamelijk gezond blijven en ziekte kunnen weren. Iemand met een zwakke levenskracht is vatbaarder voor chronische, terugkerende symptomen en ziekten. Homeopathische middelen zouden inwerken op de levenskracht en die stimuleren het lichaam te genezen en het natuurlijke evenwicht te herstellen.

materia medica Gedetailleerde informatie over homeopathische middelen, in alfabetische volgorde. Deze informatie bevat details over de symptomen die door de middelen in kwestie kunnen worden bestreden en die gebaseerd zijn op eerder gedaan onderzoek en eerdere ervaring. Eveneens zijn gegevens over de bron van elk middel opgenomen. Deze informatie wordt door homeopaten gebruikt om te bepalen wat het beste middel is voor een bepaalde patiënt en een bepaalde groep symptomen.

miasma Chronische constitutionele zwakte die het gevolg is van een onderliggende onderdrukte ziekte of aandoening die ook al aanwezig was in een vorige generatie of in een vorige fase van het leven van de patiënt. De miasmatheorie werd opgesteld door Samuel Hahnemann, die opmerkte dat bepaalde mensen nooit echt gezond waren, maar telkens weer nieuwe symptomen van ziekte ontwikkelden. Hij meende dat dit kwam door een constitutionele zwakte die hij miasma noemde en die zou kunnen zijn overgeërfd en zou zijn veroorzaakt door een ziekte in een voorgaande generatie. Deze theorieën formuleerde hij in zijn onderzoeksverslagen, getiteld *Chronische Ziekten*. Hij benoemde drie hoofdmiasma's: psora, sycosis en syfilis.

modaliteiten Term die wordt gebruikt voor de reacties die de patiënt vertoont wanneer hij of zij zich beter of slechter voelt en die afhankelijk zijn van factoren in de innerlijke en uiterlijke omgeving. Deze reacties zijn voor iedereen uniek en hangen samen met de individuele karakteristieken die op dat moment van toepassing zijn, hoewel er binnen één constitutioneel type overeenkomsten zijn. Tot de modaliteiten behoren reacties op, angsten voor en voorkeuren wat betreft temperatuur, weer, voedsel, emotionele responsen en relaties en dergelijke, die allemaal bijdragen aan het algehele gevoel van iemands welbevinden. Modaliteiten zijn vooral van belang wanneer iemand symptomen van een ziekte vertoont en de homeopaat bepaalt wat daarvoor het meest heilzame middel is.

nosode Term die wordt gebruikt om een middel te beschrijven dat wordt verkregen uit stukjes afgestorven, geïnfecteerd weefsel, vaak ter behandeling of voorkoming van een bepaalde ziekte. Naar nosoden werd voor het eerst onderzoek gedaan door Wilhelm Lux, maar niet zonder aanzienlijke controverse. Voorbeelden zijn *Medorrhinum* en *Tuberculinum*.

oertinctuur (symbool O) De eerste oplossing die wordt verkregen door de werkzame stof van het homeopathische middel op te lossen in een mengsel van alcohol en water (meestal 9/10 zuivere alcohol en 1/10 gedistilleerd water). Uit de oertinctuur worden verdere verdunningen en SUCCUSSIES (schudsels) verkregen om de homeopathische middelen te bereiden.

organon *Het organon der geneeskunst* (Leipzig, 1810) is een van de belangrijkste werken van Samuel Hahnemann, waarin hij de principes en theorie van de moderne homeopathie uiteenzet. Het *Organon* wordt beschouwd als een klassiek werk, dat de basis vormt van de studie van de homeopathie.

polycrest Middel dat werkzaam is tegen verschillende aandoeningen, ziekten of symptomen.

potentie De verdunning of werking van een homeopathisch middel. Dr. Samuel Hahnemann ontdekte dat middelen door ze verder te verdunnen en sterk te schudden (SUCCUSSEREN) een sterkere geneeskrachtige werking kregen. De gedachte hierachter is dat door het proces van verdunnen en schudden de in het middel aanwezige energie (dynamiek) beter vrijkomt, ook al blijft er niets over van de oorspronkelijke moleculen van de stof. Vandaar dat middelen sterker of werkzamer zijn naarmate ze meer zijn verdund. Hahnemann noemde deze nieuwe verdunde oplossingen potentisaties.

potentiëren Het doen vrijkomen of overdragen van energie in een homeopathische oplossing door het mengsel te SUCCUS-SEREN of krachtig te schudden.

proefnemingen Term die Samuel Hahnemann gebruikte voor de experimenten die hij uitvoerde om de reacties van gezonde mensen op homeopathische stoffen te onderzoeken. Deze experimenten werden uitgevoerd onder strikt gecontroleerde omstandigheden (voorafgaand aan de moderne wetenschappelijke benadering) en de symptomen die optraden, de resultaten, werden nauwgezet vastgelegd. Kinine was de eerste stof die Hahnemann op deze wijze onderzocht. Hij testte de stof aanvankelijk op zichzelf en vervolgens op goede vrienden en familieleden. In latere jaren onderzocht en beproefde hij vele stoffen en over de reacties en symptomen, waartoe ze stuk voor stuk leidden, vergaarde hij een schat aan informatie. Na zijn onderzoek ging Hahnemann ertoe over de middelen zorgvuldig voor te schrijven aan zieke mensen. In de moderne homeopathie worden nog steeds proefnemingen uitgevoerd met nieuwe stoffen waaruit werkzame middelen zouden kunnen worden bereid. Meestal weten noch de arts die het middel voorschrijft, noch degenen die het gebruiken – de 'proefpersonen' – om welke stof het gaat en wie die stof gebruiken of wie een placebo.

psora Een van de drie MIASMA's die door Samuel Hahnemann werden benoemd. Psora zou het resultaat zijn van onderdrukte scabies (of schurft, een huidinfectie die gepaard gaat met jeuk en die wordt veroorzaakt door een mijt die zich heeft ingenesteld). Het miasma zou een overgeërfd element bevatten of ontstaan doordat een vroegere infectie bij een bepaald individu zou zijn onderdrukt.

similia similibus curentur Het basisprincipe van de homeopathie, Latijn voor 'het gelijke kan met het gelijkende worden genezen'. Hippocrates, arts uit de Griekse oudheid, was de eerste die dit principe formuleerde. Het wekte in de Middeleeuwen de belangstelling van Paracelsus. Later kreeg het opnieuw aandacht van Hahnemann en door hem werd het met de ontwikkeling van de homeopathie in praktijk gebracht.

similium Homeopathisch middel dat in zijn natuurlijke, ruwe staat dezelfde symptomen kan veroorzaken als de symptomen die de patiënt vertoont.

succussie Krachtig schudden van een homeopathisch middel in elke verdunningsfase, waarbij er met het vat waarin de oplossing zich bevindt tevens op een hard oppervlak wordt geslagen, met de bedoeling de energie die het middel bevat vrij te laten komen.

sycosis Een van de drie belangrijkste MIASMA's die door Samuel Hahnemann werden benoemd. Sycosis zou het gevolg zijn van een onderdrukte gonorroe-infectie. Het miasma zou een overgeërfd element bevatten of worden veroorzaakt doordat een vroegere infectie bij een bepaald individu zou zijn onderdrukt.

syfilis Het derde belangrijke MIASMA dat door Samuel Hahnemann werd benoemd en dat het gevolg zou zijn van een onderdrukte syfilisinfectie. Het miasma zou een overgeërfd element bevatten of worden veroorzaakt doordat een vroegere infectie bij een bepaald individu zou zijn onderdrukt.

trituratie Het proces dat is ontworpen door Samuel Hahnemann en waarbij van nature niet-oplosbare stoffen oplosbaar worden gemaakt, zodat er homeopathisch middelen van kunnen worden bereid. Bij dit proces worden de stoffen herhaaldelijk met lactosepoeder vermengd en vermalen, zodat ze oplosbaar worden. De stof wordt meestal bij de derde trituratie oplosbaar. Elke trituratie zou het equivalent zijn van één verdunning volgens de centesimale schaal. Is de stof eenmaal oplosbaar gemaakt, dan kan die op de gebruikelijke wijze worden verdund.

wetten van genezing, wet van de richting van de genezing Drie concepten of 'wetten', die zijn geformuleerd door dr. Constantine Hering en die verklaren op welke wijze de symptomen van een ziekte uit het lichaam worden geëlimineerd:

1. De symptomen bewegen zich van boven naar beneden.
2. De symptomen bewegen zich van binnen in het lichaam naar buiten.
3. De symptomen bewegen zich van belangrijke vitale organen en weefsels naar minder belangrijke organen en weefsels.

Hering was tevens verantwoordelijk voor de gedachte in de homeopathie dat meer recente symptomen het eerst verdwijnen, vóór symptomen die al enige tijd aanwezig zijn. Vandaar dat symptomen verdwijnen in omgekeerde volgorde van hun verschijning.

Index